〈금오신화〉 산실 경주 남산 용장사 터, 어찌 답사하러 가지 않을 수 있겠습니까?

불에 타 없어진
황룡사 9층 목탑,
경주 남산 탑골 부처바위에
멋지게 남아 있습니다.

어찌 구경하러 가지
않을 수 있겠습니까?

삼존불三尊佛과 사면불四面佛이
한데 어우러져 국보國寶가 된
경주 남산 칠불암七佛庵
마애불상군磨崖佛像群

어찌 답사하러 가지 않을 수 있겠습니까?

당 태종과 왕희지가 너무나 좋아했다는 (술잔을 띄워놓고 노는) 유상곡수연流觴曲水宴 시설, 현재 세계에 포석정 하나뿐… 어찌 가보지 않을 수 있겠습니까?

《경주 남산 낭산
역사와 답사》를 펴내며

　국토지리정보원 2020년 발표에 따르면 우리나라에서 가장 많은 산山은 남산입니다. 전국에 남산이 101곳이나 있습니다. (봉峰은 국사봉이 80개소로 최다입니다.)
　남산 중 우리나라 국민의 사랑을 가장 많이 받고 있는 산은 '경주 남산'이 아닐까 생각합니다. 유명세로는 애국가에 등장하는 '서울 남산'도 그에 못지않겠지요.
　그래도 문화유산 차원에서는 서울 남산과 경주 남산을 난형난제로 평가할 수 없습니다. 로마제국조차 콘스탄티노플로 천도한 적이 있다는 역사를 생각할 때 세계 어느 도시가 감히 천년고도千年古都 경주와 겨루겠다고 나설 수 있을까요?
　'노천 박물관'이라는 별명은, 경주 남산을 '등산'의 대상으로만 여겨서는 선조들에 대한 큰 결례라는 점을 말해줍니다. 경주 남산과 낭산은 신라인들이 천년 세월 동안 성심誠心으로 우러름을 바친 땅입니다. 우리도 경주 남산과 낭산을 거닐 때면 옷깃을 여며야 마땅하지 않을까 싶습니다.
　경주 남산을 동쪽, 서쪽, 남쪽, 동북쪽, 서북쪽 비탈로 나누어서, 그리고 그 옆 낭산도 세밀히 거닐어 보았습니다. 이 책이 우리나라 사람들의 국토 사랑 마음을 북돋우는 데 조금이나마 도움이 될 수 있기를 소망합니다. ▮

경주 남산 낭산
역사와 답사

남산 전체 지도 10
- 박씨 임금들의 영원한 안식처, 남산 서쪽 (지도 25)
— 경애왕릉 12 / 삼릉 14 / 배리 삼존석불 입상 21
  지마왕릉 23 / 포석정 24 / 삼릉계곡 43(지도 26)
- 신라 역사가 시작된 남산 서북쪽 (지도 63)
— 창림사 터 51 / 남간사 터 당간지주 54
  일성왕릉 56 / 나정·양산재 58
- 석굴암과 황룡사 탑 원형이 있는 남산 동북쪽 (지도 65)
— 상서장 66 / 불골 할매부처 68 / 탑골 부처바위 71
  보리사 석불좌상 75 / 보리사 마애불 77
- 설화와 역사가 어우러진 남산 동쪽 (지도 100)
— 헌강왕릉 80 / 정강왕릉 83 / 서출지 84
  남산동 쌍탑 86 / 전 염불사 터 쌍탑 87
  칠불암 마애불상군 90 / 신선암 보살반가상 96
- 김시습이 〈금오신화〉를 쓴 남산 남쪽 (지도 115)
— 지곡 삼층석탑 103 / 설잠교 105 / 용장사 터 107
  삼화령 연화대좌 116 / 경주 남산 일주 여정 120

- 경주 남산 시대순 역사 121
— 박혁거세 125 / 나정 131 / 양산재 132 /
  표암 133 / 우현서루 135
  지마·일성·아달라왕 141 / 소지왕 146
  탑골 부처바위 147 / 최영▮선덕여왕과 현진건 150
  불골 할매부처 152 / 헌강왕 155 / 정강왕 157
  진성여왕 157 / 경명·경애왕 158 / 김시습 159
- 경주 낭산 답사 164
— 장사 벌지지 164 / 망덕사 터 167
  망덕사 터 당간지주 168 / 선덕여왕릉 170
  사천왕사 터 183 / 능지탑 186 / 중생사 190

- 불교 기초 지식 28
— 불교 태동 29
  불교 사상 30
  불상 33
  수인 38
  법당·탑 41

경주 남산 문화유산 지도

박씨 임금들의 영원한 안식처, 남산 서쪽
― 경애왕릉, 삼릉, 배리 삼존석불, 지마왕릉, 포석정

경애왕릉 ▌경주 남산은 흔히 '노천 박물관'이라 불린다. 왕궁(월성) 남南쪽 뫼山라 하여 남산이라는 이름을 얻은 이 노천 박물관 서쪽 비탈에서 가장 먼저 만나는 답사지는 경애왕릉이다.

경애왕(924~927)은 신라 최후 경순왕 바로 앞 55대 임금이다. 경애왕景哀王은 이름에 들어 있는 '哀'가 말해주듯이 '슬픈' 왕이다. 왕좌를 차지했던 시간은 불과 3년뿐인데도 좋지 못한 이름은 역사에 유구히 남겼다.

경애왕은 망해가는 나라 왕답게 왕건에게 줄곧 굽실거렸다. 《삼국사기》에 보면 그는 925년(재위 2) 왕건에게 사신을 보내 "견훤은 변덕스럽고 거짓말을 일삼으므로 그와 화친해서는 안 됩니다."라고 아첨했다.

경애왕은, 견훤이 공격해 왔을 때 왕건이 수비만 하고 싸우지 않은 926년에도 비슷한 태도를 보였다. 경애왕은 사신을 보내 "하늘은 견훤을 돕지 않을 것입니다. 대왕이 진격해서 위풍을 보이면 견훤은 반드시 스스로 무너질 것입니다."라고 아부했다. 왕건은 "내가 견훤을 두려워하는 것이 아니라 그의 죄악이 넘쳐 자멸하기를 기다릴 뿐"이라고 대답했다.

삼릉에서 바라본 경애왕릉

927년, 경애왕은 이름 그대로 '슬픈' 왕이 되고 만다. 견훤이 고울부(경북 영천)에서 신라 군대를 공격했다. 경애왕은 왕건에게 구원을 요청했고, 왕건은 정병 1만을 출동시켰다. 그러나 거리가 먼 탓에 왕건 군대는 늦었다.

견훤은 왕건 원병 도착 전에 잽싸게 경주를 습격했다. 《삼국사기》는 '경애왕이 왕비, 후궁 등을 데리고 포석정에서 연회를 즐기며 놀고 있었다. 적병이 오는 것도 몰랐다.'라고 증언한다. 경애왕을 시원찮은 군왕으로 역사에 각인시킨 기술이었다.

왕릉 앞 안내판도 무덤 크기와 위치 소개 외에는 '포석정에서 연회를 베풀고 있다가 견훤의 습격을 받아 생을 마쳤다.'가 주된 설명이다. '연희'가 경애왕에 대한 부정적 인식을 더욱 증폭시킨다. 경애왕은 자신에 대한 역사적 평가가 억울하지 않을까? 포석정 답사 때 더 알아보기로 한다(24쪽 참조).

경애왕은 견훤 군에 사로잡혔다. 경애왕은 살려 달라고 애걸하지만 견훤은 칼을 주어 그를 자살하게 했다. 견훤은 경애왕 왕비를 겁탈했다. 견훤 부하들도 경애왕 비첩들을 욕보였다. 경애왕은 줄곧 왕건과 친하게 지내면서 견훤을 끝까지 배척했지만, 마지막 결과는 견훤에게 비참하게 짓밟혔을 뿐이다.

삼릉 ▌경애왕릉에서 왼쪽 뒤 소나무 사이를 응시하면 삼릉이 보인다. 50m나 될까. 말 그대로 엎어지면 코가 닿을 지척이다. 삼릉이니 무덤이 셋인 것이야 말할 것도 없다. 삼릉은 8대 아달라왕(154~184년 재위), 53대 신덕왕(912~917), 54대 경명왕(917~924)이 그 주인공들이다.

55대 경애왕 다음 임금인 56대 경순왕 무덤은 경주에 없다. 신라 임금 중 능을 경주 아닌 곳에 남긴 왕은 경순왕이 유일하다. 그는 나라가 망한 후 고려 서울 개경에 가서 살다가 죽었다. 그래서 무덤이 임진강 인근에 만들어졌다. 경기도 연천군 장남면 고랑포리 산18-2번지가 경순왕의 '현주소'이다.

경순왕 무덤은 일몰 이후에는 볼 수 없다. 해가 지면 사라져버리는 것은 아니고, 무덤 일대가 군사 지역인 탓에 출입을 통제받기 때문이다. 1968년 1월 21일 김신조 등 북한 공비 31명이 임진강 얼음판을 넘어 서울 시내까지 들어와 청와대를 공격하려 한 사건이 발생했는데, 경순왕릉은 당시 그들이 침투한 임진강 경로와 인접하고, 김신조 침투로는 군 부대 안에 자리 잡고 있다.

삼릉(7대 아달라, 53대 신덕, 54대 경명)과 그 옆 55대 경애왕릉

56대 경순왕릉이 '고려' 땅에 있는 것은 예외이지만, 그 바로 앞 임금들인 55대 경애왕, 54대 경명왕, 53대 신덕왕의 무덤이 같은 숲속에 나란히 조성된 것은 그럴 법한 일이다. 하지만 그들과 750년 이상 차이 나는 8대 아달라왕 무덤이 함께 존재하는 까닭은 헤아리기가 쉽지 않다. 어떤 사연이 있어서 네 임금의 능이 한 곳에 조성된 것일까?

신라 왕위는 박씨, 김씨, 석씨가 번갈아가며 차지했다. 기원전 57년부터 기원후 57년까지 박씨 왕(시조 박혁거세, 2대 남해, 3대 유리), 57년~80년 석씨 왕(4대 탈해), 80년~184년 다시 박씨 왕(5대 파사, 6대 지마, 7대 일성, 8대 아달라), 184년~261년 다시 석씨 왕(9대 벌휴, 10대 내해, 11대 조분, 12대 첨해) 식이었다. 그러다가 261년부터 284년까지 미추왕이 재위했는데, 그는 김씨 최초 왕이었다. 미추는 185년(벌휴 2) 소문국(또는 조문국, 경북 의성)을 정벌한 구도仇道의 아들로, 첨해왕에게 아들이 없자 추대를 받아 왕위에 앉았다.

미추왕 이후 다시 왕위는 석씨에게 돌아갔다(284~356년). 14대 유례, 15대 기림, 16대 흘해 순이었다. 그런데 흘해왕에게도 아들이 없었다. 구도의 손자이자 미추왕의 조카인 내물이 왕위에 올랐고, 그 이후 52대 효공왕까지 556년 동안 줄곧 김씨 왕이 이어졌다(356~912년).

효공왕이 아들 없이 죽자 왕위가 다시 박씨에게 돌아가 53대 신덕왕, 54대 경명왕, 55대 경애왕으로 이어졌다. 하지만 3대에 걸친 박씨 왕 시대는 모두 합해도 15년(912~927)에 지나지 않았다. 견훤이 세운 신라 마지막 임금 경순왕은 김씨였고, 경순왕은 935년 나라를 왕건에게 바치고 말았다.

그러고 보니, 남산 서쪽 비탈에 있는 왕릉은 모두 박씨 임금 것이다. 가장 남쪽에 55대 경애왕, 바로 위 삼릉에 54대 경명왕, 53대 신덕왕, 8대 아달라왕, 포석정 옆에 6대 지마왕, 나정 뒤 장창골에 7대 일성왕, 모두 박씨 왕들이다. 시조 박혁거세도 나정에서 출생했고, 최초 궁궐도 이곳 창림사터 일원에 지었다. 선도산 일대가 김춘추 일가 산소였듯이 남산 서쪽 일원은 박씨들 터전이었던 것이다.

삼릉에 묻힌 세 임금의 치적을 살펴본다. 8대 아달라왕은 154년부터 184년까지 30년을 재위했다. 삼릉 안내판은 '아달라왕은 백제가 침입하여 백성을 잡아가자 친히 군사를 출동하여 전장에 나아갔다. 그러나 백제가 화친을 요청하자 포로들을 석방하였다. 왜에서는 사신을 보내왔다. 능의 크기는 밑 둘레 58m, 높이 5.4m, 지름 18m'가 전문이다.

> 아달라왕(재위 154~184)은 백제가 침입하여 백성을 잡아가자 친히 군사를 출동하여 전장에 나아갔다. 그러나 백제가 화친을 요청하자 포로들을 석방하였다. 왜(倭)에서는 사신을 보내왔다. 능의 크기는 밑둘레 58m, 높이 5.4m, 지름 18m이다.

아달라왕릉 안내판 해설 전문

하지만 아달라왕의 업적 중 가장 두드러진 것은 156년 계립령鷄立嶺에 길을 열고, 158년 죽령竹嶺도 개통한 일이다. 험준한 산맥을 뚫고 고갯길을 열었다는 것은 그만큼 나라의 경제적 군사적 힘이 막강했다는 사실을 말해준다.

525m 계립령은 흔히 하늘재라 부른다. 높다는 뜻이다. 충북 충주와 경북 문경을 잇는 이 길을 아달라왕이 연 데에는 우리나라 최초 고갯길 개통이라는 역사적 의의가 깃들어 있다. 아달라왕은 죽령도 열었다. 즉 아달라왕은 역사에 이름을 남길 만한 치적을 쌓았다. 안내판 내용에 하늘재와 죽령을 열었다는 사실을 밝혀두어야 올바른 해설이 될 것이다.

53대 신덕왕 관련 《삼국사기》 기록 중 가장 두드러진 내용은 '신덕왕 5년(916년) 8월, 견훤이 대야성을 공격하였으나 승리하지 못했다.'라는 대목이다. 그 탓인지, 아달라왕릉 아래 신덕왕릉 안내판이 능 크기와 형식 외에는 '견훤과 궁예의 침입이 있어 싸움에 진력하였다'가 전부이다.

> 효공왕(孝恭王)이 자손이 없이 죽자 백성들이 헌강왕(憲康王)의 사위인 신덕왕(재위 912~917, 박경휘)을 추대하였다. 견훤(甄萱)과 궁예(弓裔)의 침입이 있어 싸움에 진력하였다. 능의 크기는 밑둘레 61m, 높이 5.8m, 지름 18m이다. 두 차례에 걸쳐 도굴을 당하여 1953년과 1963년에 내부가 조사되었다. 조사 결과 매장주체는 깬 돌로 쌓은 횡혈식 돌방[橫穴式 石室]으로 밝혀졌다.

· 신덕왕릉 안내판 해설 전문

삼릉 안내판은 무덤이 밑 둘레 61m, 높이 5.8m, 지름 18m 크기이고, '두 차례에 걸쳐 도굴을 당해 1953년과 1963년에 내부가 조사되었는데, 깬 돌로 쌓은 횡혈식橫穴式 돌방石室이었다' 라고 설명한다.

횡혈식은 굴식과 같은 말로, 지면과 수평으로 닦은 길을 통해 널실로 들어가는 방식의 무덤을 가리킨다. 즉 횡혈식 석실 무덤은 땅 위에 관을 놓고 그 위에 돌로 방을 쌓아 만든다. 그와 달리 수혈식垂穴式 무덤은 땅을 파고 그 속에 관을 넣는다. 요즘 흔히 보는 무덤들은 모두 수혈식이다. 두 방식은 모두 무덤 위를 둥글게 봉분하는데, 무덤 안을 드나들 수 있나 없나 하는 점에서 근본적으로 다르다.

54대 경명왕은 신덕왕의 아들이다. 《삼국사기》는 그의 시대가 격변기였음을 적나라하게 말해준다. 주요 내용을 읽어본다.

918년(경명왕 2) 6월, 궁예 부하들이 왕건을 새 임금으로 추대했다. 궁예는 도주하다가 피살되었다. 7월, 견훤의 아버지인 상주 아자개가 아들 견훤에게 힘을 보태지 않고 견훤의 적 왕건에게 투항하는 '사건'이 일어났다.

920년(경명왕 4), '왕건에게 사신을 보내어 사이좋게 지내자고 했다. 10월 견훤이 대야성을 쳐서 함락시키고 진례로 진군해 왔다. 왕건에게 구원병을 요청했고, 고려 군사가 움직였다. 이 소식을 듣고 견훤이 돌아갔다.'

삼릉 안내판에는 경명왕이 '고려 태조 왕건과 손을 잡고 견훤의 대야성 공격을 물리쳤다. 중국 후당과 외교를 맺으려 하였으나 실패했다. 능 크기는 밑 둘레 50m, 높이 4.5m, 지름 16m'라고 소개되어 있다.

삼릉에는 세 임금과 세 능에 대한 설명이 한 안내판에 함께 적혀 있다. 따라서 각 능 앞 작은 표지석을 살펴보아야 무덤 주인을 알 수 있다. 물론 상식적으로 짐작할 수도 있다. 아무려면 선조 묘소가 높은 지점에 있으리라.

눈 내린 날의 **삼릉**

경기도 파주시 법원읍 동문리 산5-1 국가 사적 '파주 이이 유적'에 자운서원, 이이 가족 묘역, 율곡기념관 등이 있다. 경주 남산 삼릉을 소개하면서 "세 능 주인을 알려면 각 무덤 앞 표지석을 살펴보면 되는데, 조상 묘가 더 높은 지점에 마련된다는 상식에 견줘 판단할 수도 있다"고 했다. 그런데 '이이 가족 묘역'은 상식과 진실의 불일치를 보여준다.

율곡 부부 묘가 부모 신사임당 부부 묘 뒤쪽 높은 지점에 있다. 율곡 맏형 부부 묘소도 그렇다. 뿐만 아니라 합장 아닌 율곡 부부 두 묘 중에는 부인 노씨 무덤이 남편 무덤보다 더 높은 곳에 있다. 현지 '율곡 이이 가족묘' 안내판은 "정확한 기록은 없으나, 자식이 현달하거나 입신양명했을 경우 부모보다 높은 자리에 묘를 쓰는 당시 풍습" 때문으로 추정하고 있다. 하지만 율곡 맏형 관직이 종9품에 지나지 않았으므로 맞는 설명으로 보기도 어렵다. 아무튼 예외가 있을 수 있으므로 모든 것을 경험(상식)으로 판단해서는 안 된다 하겠다.

부인 노씨 묘가 가장 높은 곳에서 남편 이이 묘, 다시 그 아래 신사임당 부부 묘를 굽어보고 있는 모습

'경주 배동拜洞 석조여래 삼존三尊 입상立像'(보물)

배리 삼존석불, 고古신라 대표 문화유산

삼릉 옆에 남산 대표 등산로 입구가 있다. 삼릉에서 시작된다 하여 삼릉골, 사시사철 시원하다 하여 냉골이라 불리는 길이다. 이곳은 수많은 불상들이 포진해 있어 불신자들의 필수 답사지로 각광받는 골짜기이다.

안타까운 바는, 삼릉골 대부분 불상들이 등산을 해야 만날 수 있는, 누군가에게는 '그림의 떡'이리는 점이다. 다만 '배리 삼존석불'만은 산을 오르지 않아도 되는 평지에 있어 평상복 차림 관광객들이 즐겨 찾는 애호 장소이다.

배리 삼존석불 입상은 '고古신라' 작품인 까닭에 경주에서도 희귀한 볼거리에 속한다. 불국사, 석굴암, 안압지 등 많이 알려진 경주 문화유산들이 대부분 삼국통일 이후 작품인데 반해, 배리 삼존석불은 삼국이 한창 쟁패하던 고신라 때 것이다.

경주 남산에 석불이 새겨지기 시작한 때는 7세기부터이다. 고신라 불상은 신체 비례가 5등신이고, 목에 삼도(세 줄)[1]가 없으며, 두 어깨를 모두 옷이 가리고 있다(통견). 또 백호(눈썹 사이의 보석)[2]가 돌출되어 있다. 두 손은 모두 펴서 손바닥을 앞으로 보여주는데, 오른손은 위로, 왼손은 아래로 향한다[3]. 물론

---

1) 명료하게 주시해 유혹을 끊는 견도見道. 수행을 거듭하는 수도修道, 모든 번뇌를 극복한 무학도無學道가 수도자의 삼도이다. 중생에게는 현세에 미혹하는 번뇌도煩惱道, 미혹의 결과로 빚어진 잘못된 언행과 생각의 업도業道. 업도로 말미암아 겪는 고도苦道가 삼도이다.
2) 지혜의 빛을 표상하는 이마 한복판 보석
3) 부처들은 손 모양手印도 다르게 한다. 비로자나불 불상은 법(진리)으로 중생을 구제한다는 의미에서 지권인智拳印의 수인手印을 한다. 다른 불상은 지권인을 하지 않는다. 왼손은 중생, 오른손은 중생을 보살피는 비로자나불의 손으로, 그래서 지권인에서는 오른손이 왼손을 감싸고 있다. 삼한일통 이전 신라 시대 불상에는 시무외인施無畏印(걱정畏을 없애無주는施 부처님의 표시印)과 여원인與願印(소원願을 이루어주는與 부처님의 표시印), 통일 뒤인 8세기 불상에는 항마촉지인降魔觸地印, 9세기 불상에는 지권인이 많다. 항마촉지인은 석가모니가 도를 깨닫던 순간에 지은 표시로, 악마魔를 굴복시킨降 뒤 땅地의 신에게 자신의 깨달음을 증명해보라고 가리키는觸 표시印이다. 고려 시대에는 복잡해졌다. 대승불교에서는 생각을 쉬는 수행[선정禪定]을 통해, 즉 이론적 분석과 해석을 통해서(소승불교)가 아니라 스스로의 체험과 실천을 통해 주체적으로 진리[法]의 세계界를 깨달아야 한다고 보며, 그

배리 삼존석불이 그런 특징을 보여주고 있다는 이야기이다.

지마왕릉 ▮ 배리 삼존석불 입상에서 시내 쪽으로 나아가면 금세 신라 6대 임금 지마왕릉(112~134년 재위)에 닿는다. 경주시 배동 산30번지, 국가 사적이다.

지마왕릉은 밑 둘레 38m, 높이 3.4m로, 아담한 모습이 깔끔하게 단발 한 소녀 같다. 현지 안내판 설명 그대로 '별다른 특징은 없다'. 안내판은 지마왕이 '파사왕의 아들로 태어나 23년간 재위하면서 가야, 왜구, 말갈의 침입을 막아 국방을 튼튼히 하였다'라고 소개한다.

실제로 《삼국사기》를 읽어보면 재위 4년(115) 가야 침입, 가야 공격, 5년(116) 가야 공격, 10년(121) 왜 침입, 14년(125) 말갈 대규모 침입 등 전쟁 기사가 즐비하다.

2년(113) 3월 백제와 수교, 12년(123) 3월 왜와 강화했다는 기사도 보인다. 강해했다는 것은 결국 치열하게 싸웠다는 이력을 반증한다. 그만큼 지마왕 때는 전쟁 시기였다.

지마왕은 죽어서도 한동안 편안하게 지내지 못했던 듯하다. 100보도 아니 떨어진 포석정에서 927년, 견훤군이 경애왕을 죽이는 사건이 일어났다. 어찌 지마왕릉 일대가 산새 지저귀는 평화 구역으로 남을 수 있었으랴. 같은 박씨 후예 임금이 처참하게 죽는 광경을 보면서 지마왕은 저승에서 비통한 눈물을 흘

렇게 얻은 근원적 지혜를 반야[般若]라 한다. 따라서 부처의 일반적 수인을 선정인[禪定印] 또는 법계정인[法界定印]이라 한다. (38쪽 그림 참조)

렸을 법하다. 게다가 후백제군들은 승리의 노래를 부르면서 왕릉을 짓밟으며 돌아다녔을 것 아닌가.

구불구불 물길에 술잔 띄우고 노는 세계 유일 유적, 포석정

2021년 11월 19일부터 문화유산에 붙어 있던 번호가 없어졌는데, 그 이전까지 포석정鮑石亭은 사적史蹟(역사상 중대 사건이나 시설의 자취) 1호였다. 포석정은 그 번호만큼이나 유명했다. 하지만 국보 1호 남대문(숭례문)이 국보 70호 훈민정음보다 더 높은 가치를 지녔다고 말할 수 없듯이, 포석정도 우리나라 사적 중 가장 으뜸가는 것은 아니다.

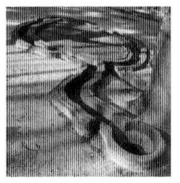

포석정

포석정은 구불구불한 돌홈曲水渠을 파서 물이 흐르게 한 뒤 술잔을 띄울 수 있도록 만들어졌다. 참석자들은 술잔이 자기 앞에 오면 즉각 시 한 수를 읊는다. 만약 읊지 못하면 벌주 석 잔을 마셔야 했다. 이 놀이를 유상곡수연流觴曲水宴이라 한다.

유상곡수연은 중국 명필 왕희지가 특별히 즐긴 놀이로 전해진다. 왕희지는 353년 회계산 아래에 정자('난정')를 지은 후, 흐르는 물에 술잔을 띄워 놓고 참석자들과 돌아가면서 시 짓는 놀이를 즐겼다. 이때 그가 지은 〈난정서蘭亭序〉는 당태종이 무덤까지 가져갔다.

현재 곡수거曲水渠 흔적이 남아 있는 곳은 세계에서 포석정밖에 없다. 포석정의 역사적 가치가 드높은 것도 그 덕분이다.

경애왕릉-포석정 지도

    총 길이 22m, 도랑을 에워싸고 있는 63개의 돌石들이 전복 鮑 모양으로 놓여 있는 포석정!

    그러나 포석정의 유명세 유래는 안타깝다. 경애왕이 927년 음력 10월 초겨울 이곳에서 술 마시며 놀다가 견훤 군에게 피살당했다 하여 이름을 날리게 되었으니…. 그런데 조금 의심이 간다. 왕이 추운 날씨에 궁궐 놔두고 한데에서 술 마시며 놀았다? 견훤 군이 서울까지 쳐들어오는 절대 위기 순간에?

    포석정은 국가 제사를 지내고, 나라 중요 회의도 개최한 의식儀式 거행 장소로 여겨진다. 경애왕도 국가 번영 방안을 논의하고 기도도 올리기 위해 포석정에 갔을 개연성이 높다. 그러나 술이나 퍼마시다가 죽었다는 오명을 역사에 남겼다. '역사는 이긴 자의 편'이라는 말도 그래서 설득력을 뽐내며 줄곧 세상에 남아 있는지 모른다.

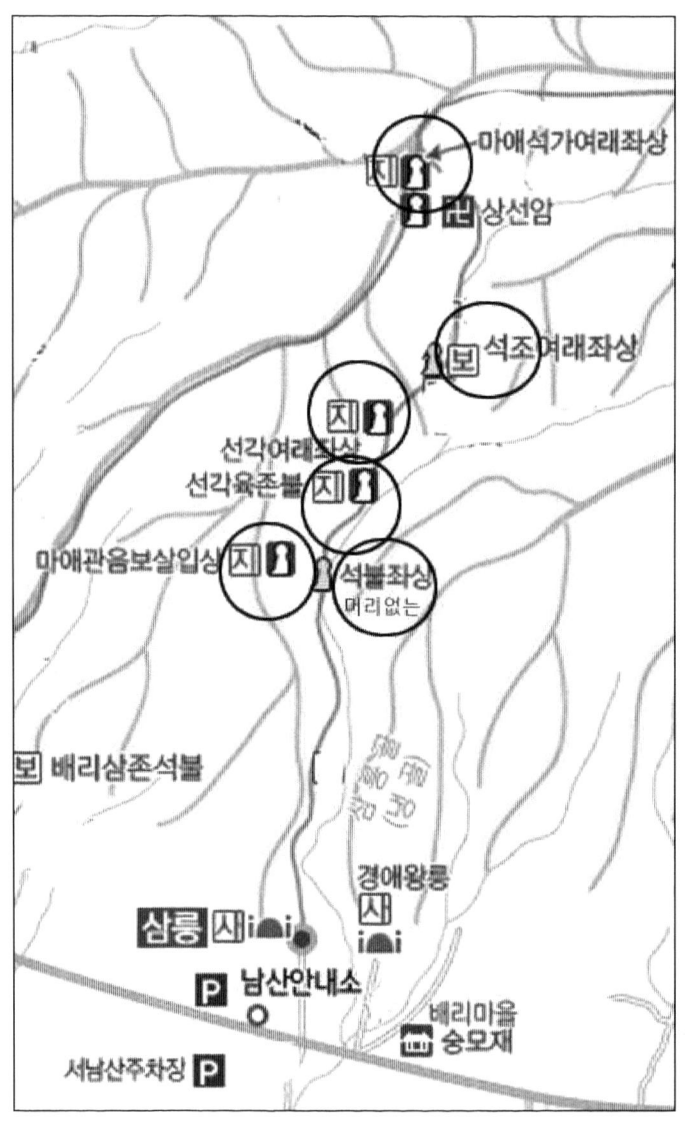

삼릉 계곡을 오르며 만나는 주요 불교 유적

남산 일주를 해보고 싶은 분은 …

… 삼릉에서 출발해 칠불암 마애불상군까지 가보시라 추천 드린다. 중간에 잠시 용장사 터 삼층석탑과 삼륜대좌불을 둘러보면 더할 나위 없는 금상첨화의 '비단길'을 걸으셨다고 찬사를 받으시리라.

삼릉에서 경주 남산 정상으로 올라가는 길을 삼릉계三稜溪라 한다. 삼릉 계곡이라는 뜻인데, 사시사철 물이 맑고 공기와 그늘이 시원하여 냉골로도 많이 알려졌다. 그래서 그런지, 냉골은 남산 중에서도 불교 유적이 가장 많이 산재해 있는 계곡으로 이름이 높다.

삼릉에서 출발해 10분 만에 도착하는 '경주 남산 삼릉계 제2사지'의 머리 없는 석조불상, 그 옆 200m 지점의 '삼릉계곡 마애 관음보살상'이 그 중 가장 먼저 만나는 뚜렷한 유물이다. '가장 먼저 만나는 뚜렷한'이라는 표현을 쓴 것은 그 전에 이미 '경주 남산 삼릉계 제1사지 탑재 및 석재'를 보았기 때문이다. 제1사지는 이름이 말해주듯이 탑 등에 쓰였던 돌들을 모아놓은 곳이라 특별한 볼거리는 없다.

삼릉계는 수많은 불교 유적과 유물들을 만날 수 있는 곳이므로, 이곳을 오르는 사람으로서 불교에 대해 이느 정도 선행학습을 하는 것이 예의가 아닐까 생각해 봅니다.

[불교 기초 지식] 기원전 3000년 무렵 인도 원주민 드라비다 인들은 메소포타미아·이집트·황허와 더불어 세계 4대 문명 발상지로 여겨지는 인더스 강 하류 지역에 인더스 문명을 꽃피웠다. 드라비다 인은 농경 생활에 편리할 뿐만 아니라 서쪽의 오리엔트 문명권과 접촉할 수 있는 지리적 이점을 갖추고 있던 인더스 강 일대에 세계 최초의 계획 도시 모헨조 다로를 건설하였다. 인더스 문명의 중심지는 그 후 모헨조 다로 북서쪽 하라파로 옮겨졌다.

인더스 문명은 아리아 인이 쳐들어오는 기원전 2000년까지 약 천 년 동안 찬란한 도시 문명을 꽃피웠다. "인더스 문명의 특색은 성곽으로 둘러싸인 도시를 중심으로 생활하였다는 점이다. 도시에는 도로망과 하수도 시설은 물론, 집회소, 곡물 창고 등 공용 건물과 벽돌 가옥이 들어서 있었고, 그 주변에서는 밀, 보리, 면화를 재배하면서 가축도 사육하였을 뿐만 아니라, 서아시아와 교역도 활발히 하였다."[1]

기원전 2000~1500년 중앙아시아에 거주하던 아리아 인이 침략해 인더스 문명을 파괴하고, 드라비다 인을 죽이거나 척박한 지역으로 내쫓았다. 아리아 인은 기원전 1000년 무렵에는 갠지스 강을 따라 펼쳐져 있는 옥토도 모두 점령했다. 이때부터 아리아 인은 계급사회 정착을 위해 카스트 제도를 본격화시켜갔다.

---

1) 민석홍 외,《고등학교 세계사》(교학사, 1989), 7쪽.

아리아 인은 브라만 계급(성직자), 크샤트리아 계급(왕족, 정치 및 군사 지도층), 바이샤 계급(평민), 드라비다 인은 수드라 계급(노예)으로 분류되었다. 브라만과 크샤트리아는 지배층, 바이샤와 수드라의 피지배층이 되었는데, 사람들에 대한 엄격한 사회적 차별을 공식화한 4종성種姓(카스트)제도는 향후 인도 발전에 큰 장애물이 되었다.

자연신 브라만을 숭배하는 아리아 인의 브라만교와 인도 토착 종교가 결합해 힌두교가 되었다. 그 결과 힌두교는 아리아 인의 자연숭배와 카스트 제도, 드라비다 인의 아힘사不殺生·윤회·업業(카르마) 등 토착종교 사상이 혼재되어 있다.

불교 태동 ▎자연숭배·획일적 형식주의·브라만 계급의 권위주의 등에 대한 반발과 불신이 확산된 기원전 5세기 전후 인도에 새로운 종교들이 태어났다. 석가모니가 창시한 불교는 그 중의 하나였다.

석가모니는 브라만Brahman의 정통교리사상이 흔들리던 기원전 5세기에 크샤트리아Kshatriya 계층 가문에서 태어났다. 그가 출생한 시기는 브라만 전통사상에 대한 회의 속에서 새로운 사상을 표출하고자 노력했던 비브라만적 신흥 사상가들이 많이 출현한 무렵이었다.

브라만 전통교리를 신봉하는 승려들과 구분하여 이들 신흥 사상가들은 사문沙門이라고 불렀으며, 불교도 이 같은 비브라만적 신흥사상에 속한다. 즉 불교는 브라만교에 대한 종교개혁 차원의 새로운 종교 발흥이었다.

그러면서도 불교는 전통 브라만사상의 형이상학적·본질론적 경향도, 사문의 회의적·부정적 경향을 나타낸 신흥사상도 지양하는 입장을 취하였다. 브라만교의 차별주의에 반대하고 자비와 평등을 강조하였다. 석가모니는 모든 현상을 일정한 형태가 없는 것이라 보고 해탈을 통한 영생을 강조하였는데, 이 사상은 당대인의 큰 환영을 받았다. 불교를 불법佛法이라 하는 것은 부처의 가르침을 법法이라 하기 때문이다. 불교는 부처가 되는 길이라는 뜻에서 불도佛道라 부르기도 한다.

불교 사상 ▌아리아 인의 브라만교가 드라비다 인의 토착 종교와 융합해 힌두교로 발전하였듯이, 불교 또한 드라비다 인의 토착 종교사상을 수용한 측면이 많았다. 아힘사Ahimsa不殺生 사상도 그 중 하나이다. 모든 생명의 근본적 단일성에 근거한 생명에 대한 존중을 내용으로 하는 아힘사는 채식주의, 소의 도살 금지 등으로 표현된다.

윤회와 업(카르마) 사상도 그렇다. 모든 결과에는 원인이 있으며, 현재의 삶은 과거 행위(카르마)의 결과라는 업業설은 생사의 반복적 순환, 즉 윤회 사상과 연관된다. 끝도 없이 반복되는 윤회의 속박에서 벗어나야 한다. 힌두교도 불교도 그 벗어남(해탈)을 궁극적 목표로 한다.

불교의 내용은 교조 석가모니가 35세에 달마達磨(dharma: 진리)를 깨침으로써 불타佛陀(Buddha: 깨친 사람)가 된 뒤, 80세에 입적할 때까지 거의 반세기 동안 여러 지방을 다니면서 여러 계층의 사람들을 교화할 목적으로 말한 교설이다.

불교 지식

부처가 탄생한 때인 기원전 5세기부터 현재까지 2500년 동안 불교는 원시불교·부파部派불교(석가 사후 100년경 20여 파로 분열된 불교)·소승小乘 및 대승大乘불교 등으로 아시아 여러 나라에서 다양하게 발전하여 왔고, 경전도 여러 가지가 새롭게 편찬되어 왔다.

따라서 교리나 의식도 여러 지방의 발전과정에 따라서 판이하게 달라졌으므로 한 마디로 '불교는 이것'이라고 묶어 말할 수는 없게 되었다. 이것은 다른 종교에서는 찾아볼 수 없는 불교의 특이한 면이다.

부처가 형이상학적·본질론적 질문에 대하여 대답을 보류하였다는 기록이 초기 경전에 보인다. 이 세상은 끝이 있는가 없는가, 시간은 유한한가 무한한가, 내세는 있는 것인가 없는 것인가 등에는 답변을 보류하였다는 것이다.

부처는 어떤 전제나 선입관을 근거로 하는 추론을 피하고, 모든 것을 현실에 있는 그대로 보고 아는 입장을 지향하였다. 아트만眞我이나 브라만梵神 같은 형이상학적 문제보다는 '인간이 지금 이 자리에 어떻게 존재하고 있는가'라는 실존에 초점을 맞추었다.[2]

---

[2] 공자는 "問事鬼神, 子曰 未能事人 焉能事鬼" 즉 '귀신 섬기는 일'을 묻자, "살아 있는 사람도 제대로 섬기질 못하는데 어찌 귀신을 섬기리요' 하였고, "敢問死, 曰 未知生 焉知死" 즉 '감히 죽음에 대하여 묻습니다' 하니, 공자는 "아직 삶도 잘 모르는데 어찌 죽음에 대해 알겠는가?"라고 대답하기도 했다. 이는 공자가 내세의 존재를 믿지 않았다는 의미를 담고 있다.

그러므로 부처가 깨친 진리는 형이상학의 차원에 있는 것이 아니라 모든 것이 존재하는 구체적 양식, 즉 연기緣起로 설명된다. 이 세계는 신이나 브라만에 의하여 창조된 것이 아니라 서로의 의존관계 속에서 인연에 따라 생멸生滅한다는 것이다.

따라서 인간생활의 실제문제와 부딪쳤을 때 그 문제의 해결에 주력하는 것이 부처의 가르침이고 곧 불교이다. 불교의 교리나 이론은 자연히 인생문제의 해결이라는 실제적 목적이 앞서기 때문에 이론을 위한 이론이나 형이상학적 이론은 배제되었다.

또 부처는 사람마다 그 사람이 지니고 있는 사회적 조건과 개인적 차이에 따라서 그때 그때 가르침의 내용을 달리하는 응병시약적應病施藥的(병에 따라 각각 약을 지어 줌) 방법을 사용하였다.

당연히 불교는 모든 사람에게 공통되는 획일적이고 일방적인 길보다는 다양한 길을 택하였다. 불교의 교리가 너무 다양하게 전개되어 때로는 서로 모순되는 것처럼 보이는 까닭도 여기에 있다. 반면, 사람마다 지닌 사회적 조건을 충분히 받아들인다는 점에서 불교의 관용성을 찾아볼 수 있다.

그러면서도 불교는 삼학三學(계戒·정定·혜慧)의 실천요목을 수행자들에게 요구한다. 계는 불교가 가르치는 이상인 열반涅槃에 도달하기 위해 수행자가 날마다 실천해야 하는 생활규범이다. 그 생활규범이 곧 계율이므로 출가수행자와 재가수행자, 남자와 여자 사이에는 상당한 차이가 있게 마련이다.

그러나 근본 5계인 살생하지 말라, 훔치지 말라, 음란하지 말라, 거짓말하지 말라, 술 마시지 말라 등은 누구나 지켜야 하는 규범이다.

그렇다고 계율만 엄격히 지키는 일은 윤리적 행위에 지나지 않는다. 계율에 근거해 보다 높은 거룩한 종교적 체험을 얻기 위해서는 종교적 수련이 있어야 한다. 이것을 명상, 정신적 통일, 지관止觀 등의 의미를 포함하고 있는 선정禪定이라 한다.

이 선정은 가만히 앉아 있는 소극적·부정적 자세를 가리키는 것이 아니다. 감각의 세계에서 스스로 벗어나는 무아無我의 적극적 자세로 전환하여 자유의 경지를 개발하는 것이 선정의 본분이다.

그러나 선정이 주관적 환상에 빠지지 않으려면 바르고 엄격한 계율적 실천이 앞서야 한다. 따라서 바른 선정은 계율에 의하고, 또 계율은 바른 선정에 의하여 거룩한 종교적 차원으로 고양된다. 물론 계율과 선정 그 자체가 최종목적이 될 수는 없다. 그것은 해탈에 이르는 지혜를 터득하기 위한 길에 지나지 않는다. 윤리적 계율에 의하여 마음과 몸이 청정해진 사람이 선정에 의하여 이르는 최고의 경지가 이 지혜이다. 이같은 지혜를 불교는 반야지般若智라 하여 다른 유형의 지혜와 구별한다. 이 반야지는 곧 해탈이고, 불교에서는 각覺이나 오悟의 동의어로 사용하는 경우가 많다.

불상佛像 ▌ 불상은 불교에서 예배 대상이다. 불佛은 인도어 Buddha(불타佛陀[부처]='깨달은覺 자者')의 약칭이다. 석가모니불

佛, 석가모니부처, 석가모니여래如來라는 세 이름을 보면 알 수 있듯이 불, 부처, 여래는 동의어이다.

처음에는 고마다 싯달타가 도를 깨달아(성불해서) 석가모니 Sakyamuni가 됨으로써 한 분의 부처가 탄생하였다. 그 후 기원 전 1세기 무렵 많은 중생을 구제하는 대승大乘불교가 성립하고 교리가 발달하면서 비로자나불, 아미타불, 약사불, 미륵불로 부처가 늘어나게 되었다.

달리 말하면, 불상은 석가모니가 열반에 든 지 약 500년 이후인 1세기 무렵에 처음 만들어졌다. 당연히 불교 초기의 불상은 석가모니불이었다. 불교의 진리를 상징하는 비로자나불, 보살이 오랜 세월 수행을 거듭한 끝에 모든 중생들을 인도하는 극락세계의 주인으로 성불한 아미타불, 현실의 어려움을 해결해주는 약사불, 끝내 구원받지 못한 중생들을 56억7천만 년 뒤에 구제해줄 미륵불 등은 석가모니불보다 뒤에 만들어졌다.

극락세계를 관장하는 부처가 아미타불이라는 사실은 불신도들이 "나무아미타불 관세음보살"을 입에 달고 사는 까닭을 헤아리게 해준다. 극락의 주인이 아미타불이고, 아미타불을 보좌하면서 중생들의 소원을 접수하는 보살이 관세음보살이니 그것은 당연한 일이다. 극락極樂세계는 서방정토西方淨土로, 서西쪽方에 있는 깨끗한淨 땅土이다. 《아미타경》에 '서쪽으로 10만 억 국토를 지난 곳에 극락이 있다.'라고 명시되어 있다.

"나무아미타불"의 '나무'는 대략 '귀의한다, 의지한다'는 뜻이다. 즉 "나무아미타불"은 '아미타불에게 의지하겠습니다'라고 고

백하는 말이다. 그래서 이를 염불念佛이라 한다. 마음念을 부처님佛께 밝히는 말이기 때문이다.

과거 세상에서 왕이었던 법장이 스님이 되어 스승부처師佛 세자재왕불을 만나 가르침을 받은 끝에 드디어 부처 아미타불이 된다. 아미타불은 지금 극락세계에서 중생들을 가르치고 있다. 사람들이 "나무아미타불"의 염불을 되풀이하여 외는 것은 '아미타불님께 극락 세계에 가서 가르침을 받고 싶은 저의 마음을 고백합니다'라고 맹세하는 일인 것이다.

아미타불 좌우에 두 협시脇侍보살이 있다. 삼존불 가운데에 '본本존尊불'인 아미타불이 있고, 양쪽 옆구리脇에서 시侍중을 들고 있는 두 협시보살이 있다. 이는 보살菩薩이 아직 부처가 되지는 못하였고, 성불을 하기 위해 애쓰고 있는 이상적 수도자라는 사실을 알게 해준다.

보살이 들고 있는 정병淨瓶은 옹기로 만드는데, 손을 깨끗하게淨 씻을 물을 담은 병瓶이다. 물론 아미타불과 보살의 손은 본디부터 깨끗하므로 더러워서 씻는 것은 아니고, 종교 행위 때 마음과 몸을 깨끗하게 하기 위해 깨끗한 손을 또 씻는 것으로 이해하면 된다.

아미타불 왼쪽에 관세음보살을 모신다. 관세음觀世音보살은 세世상의 모든 소리音를 듣는觀, 즉 민중의 삶을 보살피고 구제하는 보살이다.

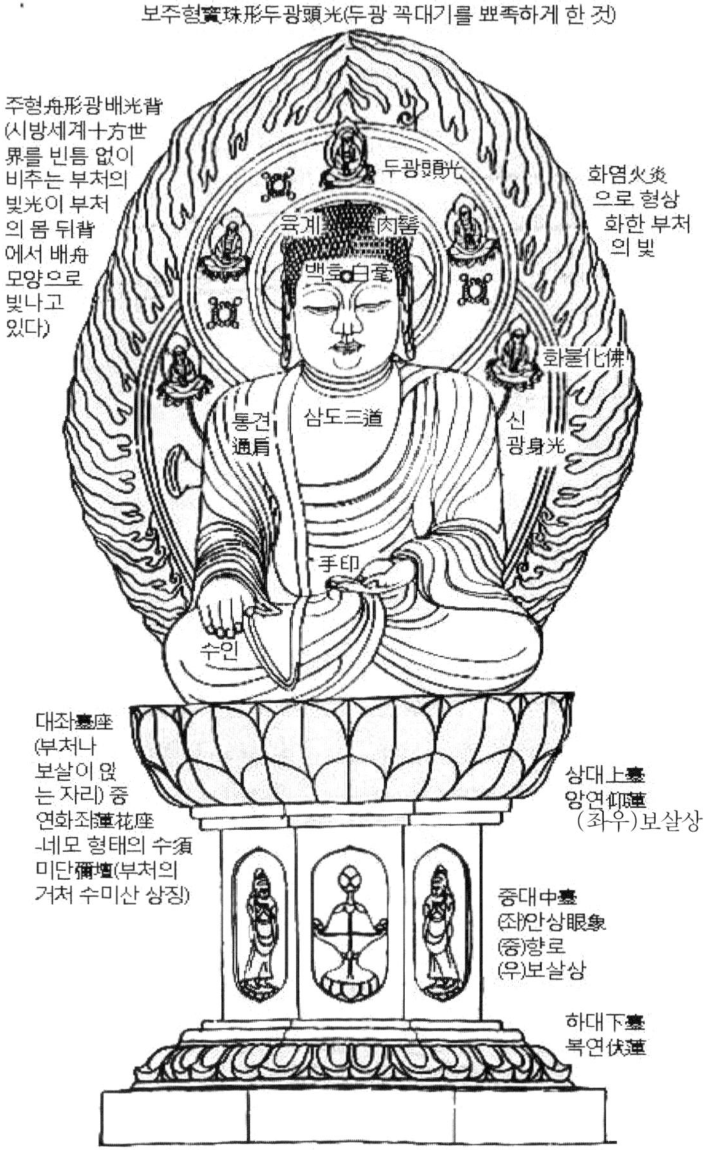

보주형寶珠形두광頭光(두광 꼭대기를 뽀족하게 한 것)

주형舟形광배光背
(시방세계十方世界를 빈틈 없이 비추는 부처의 빛光이 부처의 몸 뒤背에서 배舟 모양으로 빛나고 있다)

두광頭光

육계肉髻

백호白毫

화염火炎으로 형상화한 부처의 빛

화불化佛

통견通肩

삼도三道

신광身光

수인手印

대좌臺座(부처나 보살이 앉는 자리) 중
연화좌蓮花座
-네모 형태의 수須미단彌壇(부처의 거처 수미산 상징)

상대上臺
앙연仰蓮
(좌·우)보살상

중대中臺
(좌)안상眼象
(중)향로
(우)보살상

하대下臺
복연伏蓮

36 경주 남산 낭산 역사와 답사

관세음보살은 중생에게 두려움이 없는 무외심無畏心을 베푼다는 뜻에서 시무외자施無畏者라고도 하고, 자비하시다 하여 대비성자大悲聖者라고도 하며, 세상을 구제하므로 구세대사救世大士라고도 한다. 사람들이 이런 관세음보살에 의지하여南無 "나무관세음보살" 염불을 외는 것은 당연한 일이다.

아미타불 오른쪽에는 대세지大勢至보살을 모신다. 아미타불은 자비문과 지혜문을 지녔는데, 관세음은 자비문, 대세지는 지혜문을 나타낸다. 대세지보살은 지혜와 광명을 모든 중생에게 비치어 힘을 얻게 하므로 그렇게 부르는데, 정수리에 보배병을 얹은 채 아미타불의 바른쪽에 모셔진다.

그렇게 보면, 대중은 도를 깨닫는 일보다 극락에 가는 결과에 집중적으로 관심을 가지는 듯하다. 득도의 본령은 본래 석가모니 아니었던가. 석가모니불을 법당 한가운데에 주존불主尊佛로 모실 때에는 흔히 문수보살과 보현보살을 좌우로 함께 모신다. 보살은 부처님의 깨달음을 구함과 동시에, 스스로 부처님의 자비를 실천하여 중생을 구제하기 위해 노력하는 이상적인 수도자이다.

보살은 온화한 여성의 모습으로 자비로운 정체성을 상징한다. 머리에 보관寶冠을 쓰고 천의天衣를 입고 있으며 화려한 장신구, 연꽃, 정병 등을 가지고 있다. 석가모니불을 모시는 문수보살은 지혜의 상징이고, 보현보살은 공덕을 골고루 나타내는 행행行의 상징이다. 그래서 사자와 코끼리를 탄 형상으로 표현되는 것이다.

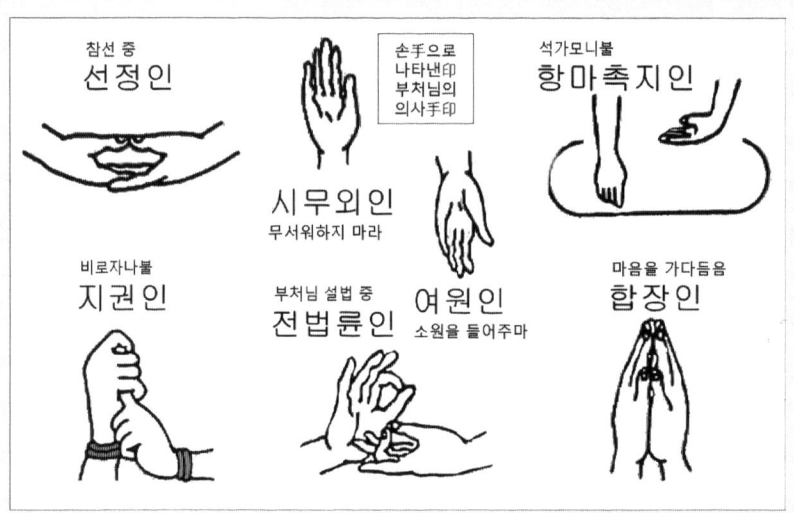

수인▮ 부처들은 손 모양手印도 다르게 한다. 비로자나불 불상은 법(진리)으로 중생을 구제한다는 의미를 지닌 지권인智拳印의 수인手印을 한다. 다른 불상은 지권인을 하지 않는다. 왼손은 중생, 오른손은 중생을 보살피는 비로자나불의 손으로, 그래서 지권인에서는 오른손이 왼손을 감싸고 있다.

삼한일통 이전 신라시대 불상에는 시무외인施無畏印(걱정畏을 없애無주는施 부처님의 표시印)과 여원인與願引(소원願을 이루어주는與 부처님의 표시印), 통일 뒤인 8세기 불상에는 항마촉지인降魔觸地印, 9세기 불상에는 지권인이 많다.

항마촉지인은 석가모니가 도를 깨닫던 순간에 지은 표시로, 악마魔를 굴복시킨降 뒤 땅地의 신에게 자신의 깨달음을 증명해보라고 가리키는觸 표시印이다.

고려시대에는 복잡해졌다. 대승불교에서는 생각을 쉬는 수행[선정禪定]을 통해, 즉 이론적 분석과 해석을 통해서(소승불교)가 아니라 스스로의 체험과 실천을 통해 주체적으로 진리[法]의 세계[界]를 깨달아야 한다고 보며, 그렇게 얻은 근원적 지혜를 반야[반야般若]라 한다. 따라서 부처의 일반적 수인을 선정인禪定引 또는 법계정인法界定引이라 한다.

불상에 표현되어 있는 여러 상징적 의미에 대해서도 약간의 이해를 가져야 불교 유적 답사에 도움이 된다. 불상이 앉아 있는 자리를 대좌臺座라 하는데, 둥근 연꽃 모양이면 연화좌蓮華坐라 하고 네모난 방형方形이면 수미단須彌壇이라 한다. 연화좌에서 꽃잎이 위를 향하면 앙연仰蓮, 아래를 향하면 복연伏蓮이라 하며, 수미단은 부처가 거처하는 수미산을 뜻한다.

불상의 둘레를 뒤에서 환하게 비추는 빛을 광배光背라 한다. 광배는 부처님이 시방세계十方世界를 항상 빈틈없이 비추고 있다는 사실을 빛으로 형상화한 표현이다.

광배 중 머리 부분의 광배를 두광頭光, 몸체 부분의 광배를 신광身光이라 한다. 두광과 신광의 구분 없이 대좌에서 머리끝까지 감싼 빛이면 거신광擧身光이라 한다. 불신의 빛을 나타낼 때 광배 주변을 화염처럼 표현하면서 배舟 모양으로 형상화하면 주형舟形광배라 하고, 머리 윗부분을 뾰족하게 만들면 보주형寶珠形광배라 한다.[1]

---

1) 광배에 새겨져 있는 작은 불상들을 화불化佛이라 한다. 부처나

부처의 모습을 특징적으로 나타낸 것을 상호相好라 한다. 깨달음과 지혜의 충만을 나타내기 위해 불상의 머리를 혹처럼 불룩하게 나타낸 것을 육계肉髻, 육계 아래 소라 모양의 푸른 머리카락을 나발螺髮, 지혜의 빛을 표상하는 이마 한복판 보석을 백호白毫라 한다.

목에 있는 세 줄을 삼도三道2)라 하고, 가사袈裟(승려의 옷)가 두 어깨를 모두 감싸고 있으면 통견通肩, 오른쪽 어깨가 드러나면 우견편단右肩偏袒이라 한다.

자세는 서 있는 입상立像과 앉아 있는 좌상坐像이 대표적이다. 좌상은 결가부좌상結跏趺坐像으로, 오른발을 왼쪽 다리 위에 얹은 다음 왼발을 밖에서 오른쪽 다리 위에 얹으면 길상좌吉祥坐, 그 반대면 항마좌降魔坐라 한다. 우리나라 불상은 대체로 길상좌를 취하고 있다.

그 외 여러 자세 중 특이한 것은 반가상半跏像이다. 미륵보살이 56억7천만 년 뒤 미륵불이 되어 나타날 때까지 삼매경에 빠진 모습을 상징한다고 해서 흔히 '미륵보살 반가사유상'이라 부르는 반가상은 결가부좌 자세에서 왼쪽 다리를 풀어 늘어 뜨

보살의 신통력에 힘입어 대중이 열반의 세계로 들어갈 수 있음을 상징한다.

2) 명료하게 주시해 유혹을 끊는 견도見道. 수행을 거듭하는 수도修道, 모든 번뇌를 극복한 무학도無學道가 수도자의 삼도이다. 중생에게는 현세에 미혹하는 번뇌도煩惱道, 미혹의 결과로 빚어진 잘못된 언행과 생각의 업도業道. 업도로 말미암아 겪는 고도苦道가 삼도이다.

린 채 왼손으로 오른쪽 발목을 잡고, 오른 팔꿈치를 오른쪽 무릎 위에 괸 채 손은 볼에 대고 머리를 약간 숙여 생각에 잠긴 자세를 보여준다.

법당▮모신 부처에 따라 법당法堂 이름이 바뀐다. 대웅전(대웅보전)은 석가모니를 모시는 절집이다. 극락세계를 관장하는 아미타불을 모시면 극락전(아미타전, 무량수전)이라 부른다.

현실세계의 어려움과 질병을 해결해주는 약사불을 모시면 약사전, 아득한 뒷날 이 세상에 출현해 중생들을 구원해주는 미륵불을 모시면 용화전 또는 미륵전이라 한다. 미륵불은 기독교의 미래 메시아에 해당된다. 세상을 빛으로 환하게 비춰주는 최고의 부처 비로자나불을 모시면 대적광전이나 화엄전, 또는 비로전이라 한다.

그 외 부처가 되기 이전 단계 존재인 보살을 모시는 법당도 있는데, 아미타불을 보좌하는 관세음보살을 모시면 원통전(관음전), 석가불이 입멸入滅한 뒤부터 미륵불이 출현하기 전까지 윤회의 세계에서 허덕이는 중생을 심판하는 명부冥府를 관장하면서 중생을 교화하고 구제하는 대자대비大慈大悲의 지장보살을 모시면 명부전 또는 지장전이라 한다.

탑▮고대 인도에서 무덤을 '스투파stupa'라 했다. 스투파가 불교 전파를 타고 중국으로 넘어오면서 '탑塔'이 되었다. 탑이 본래는 석가모니의 진신사리를 모셔놓고 예배를 드리는 공간으로 태어났다는 말이다.

물론 탑은 법당法堂보다 먼저 생겼다. 법당은 건물인데다 규모도 커서 상당한 재정적 능력이 뒷받침되어야 건립할 수 있었지만, 탑은 그에 비해 손쉽게 세울 수 있었기 때문이다. 그래서 초기의 불교 신자들은 탑 앞에서 예배를 드렸다.

우리나라는 중국을 통해 불교가 들어왔다. 당연히, 처음에는 우리나라도 중국처럼 여러 층의 누각 형태 목탑을 지었다. 하지만 나무 제품은 보존 기간이 짧은데다, 몽고군이 황룡사 9층 목탑을 태워 없앤 예에서 보듯이 화재에 약한 단점이 있었다. 그 탓에 현재 우리나라에는 신라 때 지은 집이나 목탑이 하나도 남아 있지 않다.

목탑의 한계를 벗어나기 위해 중국에서는 전탑塼塔이 유행했다. 본래 벽돌塼집 짓기를 좋아했던 중국다운 발상이었다. 그러나 우리나라에는 전탑이 별로 없다. 안동시 법흥동 8-1번지 7층 전탑(국보), 운흥동 231번지 5층 전탑(보물), 조탑동 139번지 5층 전탑(보물), 경북 칠곡군 동명면 구덕리 91-6번지 송림사 5층 전탑(보물), 경기도 여주 신륵사 다층多層 전탑(보물)이 현전 전탑의 전부이다.

그 후 만들기 어려운 벽돌로 탑을 쌓는 대신 돌을 벽돌塼모模양으로 다듬어서 만든 모전模塼석탑이 창조되었다. 최초의 모전석탑은 634년에 세운 분황사 석탑(국보)이다. 그 뒤를 이어 경북 의성 탑리 5층 석탑(국보) 등이 세워졌다.

본격적인 석탑은 백제에서 만들어지기 시작했다. 7세기 초반, 백제인들은 돌을 나무처럼 자유자재로 다듬어 전북 익산의 미륵사터 탑(국보)을 세우고, 부여 정림사터 5층 석탑(국보)도 세웠다.

불교 기초 지식

(왼쪽부터) 안동 법흥동 전탑, 분황사탑, 정림사터 석탑

682년(신문왕 2) 통일신라 최초 일—가람(伽藍[3])쌍탑雙塔인 감은사 터 동서 3층석탑(국보)이 완성되었다. 그리고 751년(경덕왕 10) 다보탑(국보)과 석가탑(국보)이 완성되었다. 황룡사 9층 목탑이 백제사람 아비지의 작품이었듯, 다보탑과 석가탑 또한 백제사람 아사달의 작품이었다.

[삼릉 계곡을 오르다] 삼릉 주차장 '경주 국립공원(남산 지구) 안내도'를 바라본다. 금오봉(468m)까지 가는 중에 '삼릉계곡 마애 관음보살상', '삼릉계곡 선각 육존불', '석조여래 좌상', '삼릉계곡 마애 석가여래 좌상'이 표시되어 있다. 그 네 불상이 삼릉

---

3) 승려의 수도처 sangharama의 일부 한자 표기

남산 서쪽

계곡(삼릉계, 삼릉골, 냉골로도 불림) 대표 불교 유적이라는 뜻일 터이다. '경주 남산 삼릉계 제1사지 탑재 및 석재'4)를 지나 10분 만에 도착하는 '경주 남산 삼릉계 제2사지'의 머리 없는 불상이 빠져 있다. 머리를 잃은 탓에 지금까지 문화재 지정도 못 받고 쓸쓸하게 냉골에서 떨고 있는 신세가 된 모양이다.

'머리 없는 불상'은 (신라문화원이 1997년, 불기 2541년 6월 29일에 세운 현지 안내판에 따르면) '1964년 8월 동국대 학생들이 발견했다. 왼쪽 어깨에서  흘러내려 매듭진 가사 끈과 아래옷裙衣을 동여맨 끈, 그리고 무릎 아래로 드리워진 두 줄의 매듭이 매우 사실적으로 표현되어 있어 용장사 삼륜대좌불과 함께 복식사 연구의 중요한 자료가 되고 있다. 이 불상은 손과 머리가 파손되었으나 몸체가 풍만하고 옷주름이 유려하여 통일신라시대의 우수한 조각품으로 평가된다.'

---

4) 삼릉계 제1사지 주변에서 발견된 석재 유물을 이곳에 정비하였다. 석조여래입상은 하반신 일부로 옷주름이 확인되는데, 좌상은 왼손에 약합을 쥐고 오른손은 항마인을 취한 것으로 보이나 손목 아래가 훼손되어 정확하게는 알 수 없다. 석탑재는 옥개석 1매와 탑신석 1매이다. 같은 탑 부재인지는 알 수 없으나 9세기 중반 후 제작된 것으로 보인다.

안내판은 '왼쪽 산등성이 바위 벼랑에는 관세음보살상이 새겨져 있고, 위쪽으로 오르다 보면 선각線刻의 여섯 부처님과 마애여래좌상, 석가여래좌상, 남산에서 좌불로는 가장 큰 상선암 마애여래좌상 등 귀중한 문화유산을 만날 수 있다.'로 끝난다.

설명 순서로 보아 지금 이후에는 '삼릉계곡 마애관음보살상磨崖觀音菩薩像'을 가장 먼저 만날 수 있는 듯하다. 아니나 다를까, 왼쪽으로 200m 들어가 경북 유형문화유산 관음보살상을 만나 뵈라는 이정표가 서 있다. 관음보살 입상에 도착해 현지 안내판을 읽어본다.

이 마애상은 삼릉계곡의 큰 바위 윗부분을 쪼아 내어 새긴 관음보살 입상이다. 삼릉 위쪽에 위치한 이 계곡은 남산에서 유적이 가장 많이 남아 있는 곳이다.

이 보살상의 전체 윤곽은 광배光背로 마무리되어 있다. 오른손은 가슴에 대고, 왼손은 내려서 정병淨甁*을 들었다. 얼굴과 몸의 윗부분은 높은 돋을새김으로, 허리 아래는 윤곽이 불분명하고 표면도 거칠다. 입이 작고 입 끝을 살짝 오므려 미소 짓고 있는 얼굴은 길고 통통하여 자비로운 모습이다.

보살상이 입고 있는 천의는 왼쪽 어깨에서 가슴을 비스듬히 지나면서 넓게 도드라져 있다. 이 보살상이 만들어진 시기는 통일신라시대로 추정된다. (*정병 : 목이 긴 형태의 물병. 보살이 지니는 물건으로 중생을 구제하는 보살임을 나타내는 상징물)

관음보살상에서 200m쯤 더 올라가면 경북 유형문화유산 '삼릉계곡 선각線刻 육존불六尊佛'이 나타난다. 이 선각 육존불은 두 바위 면에 여섯 분의 부처와 보살을 선선線으로 새긴刻 작품이다. 자연 암벽에 음각의 선으로만 새긴 것이어서 조각이라기보다는 그림에 가깝다는 인상을 준다. 안내판을 읽어본다.

중앙의 서 있는 불상을 중심으로 좌우에 보살상이 앉아 있는 보살상이 있는 삼존과 앉아 있는 불상을 중심으로 좌우에 보살상이 서 있는 삼존상을 각각 구분되는 바위 면에 새겨 육존을 형성하고 있다.

약간 튀어나온 왼쪽 바위 면에는 두 보살이 무릎을 꿇고 꽃을 담은 쟁반을 받쳐 들고 있다. 조금 들어간 오른쪽 바위 면에는 두 보살이 중앙의 불상을 향하여 몸을 돌린 채 서 있다. 선각 육존불은 모두 연꽃 모양의 대좌 위에 있고, 머리에 둥근 광배를 갖추었다.

선각 육존불이 새겨진 바위의 윗면에는 지붕을 설치했던 흔적으로 보이는 사각형 홈과 빗물이 바위 면으로 흘러내리지 않도록 하는 얕은 배수로가 남아 있다.

'삼릉계곡 선각線刻 육존불六尊佛'

지금까지 본 불교 유산 중 대표는 '삼릉계곡 마애 관음보살상觀音菩薩像'과 '삼릉계곡 선각線刻 육존불六尊佛'이었다. 그런데 둘 다 경상북도 유형문화유산이었다. 전국 기초자치단체 중 가장 많은, 여느 광역자치단체와 맞겨루어도 서울 외에는 적수가 없을 만큼 가장 많은 문화유산을 품고 있는 경주에서 유형문화유산 정도로는 명함을 내밀기 어렵다. 적어도 보물쯤은 되어야 한다. 그렇게 생각하는 답사자 마음을 아는지 조금 더 올라가면 국가 보물인 '경주 남산 삼릉계 석조여래좌상石造如來坐像'이 기다리고 있다. 흐뭇한 마음으로 안내판을 읽어본다.

남산 삼릉계 석조여래좌상은 삼릉계곡의 왼쪽 능선 위에 자리한 석불로 불상의 몸과 광배, 대좌를 모두 갖추었다. 불상의 얼굴 아래쪽이 부서지고 광배光背도 부서져 흩어져 있던 것을 발굴, 조사한 후 복원하였다.

불상의 머리는 작은 소라 모양의 머리카락으로 덮여 있고 그 위로 상투 모양의 큰 육계肉髻가 있다. 처음부터 불상의 머리와 몸을 따로 제작해 조립한 것인데, 얼굴 아래쪽이 심하게 손상되었던 것을 복원했다. 왼쪽 어깨에만 걸친 옷은 옷의 주름이 간결하고 몸의 윤곽이 드러나게 밀착되었다.

손의 모양은 오른손을 펼쳐서 무릎 위에 올리고 손가락은 땅을 가리키는 항마촉지인降魔觸地印이다. 다른 돌로 만들어진 광배는 파손되어 주변에 흩어져 있던 것을 모아 복원한 것이다. 불상을 받치고 있는 대좌는 위와 아래를 연꽃무늬로 장식한 3단으로 되어 있다.

당당하고 안정감 있는 자세나 섬세한 조각 수법 등은 8~9세기에 만들어진 통일신라시대 작품으로 추정된다.

보물을 감상한 후 기운을 내어 걷는다. 이내 작은 절집 상선암을 지나고, 경북 유형문화유산 '삼릉계곡 마애 석가여래 좌상'을 만난다. 이 석불은 '경상북도 경주시 배동의 거대한 자연 바위벽에 새긴 앉아 있는 모습의 석가여래불로 높이는 6m이다. 몸을 약간 뒤로 젖히고 있으며, 반쯤 뜬 눈은 속세의 중생을 굽어 살펴보는 것 같다. 머리에서 어깨까지는 입체감 있게 깊게 새겨서 돋보이게 한 반면, 몸체는 아주 얕게 새겼다. 전체적인 양식으로 보아 통일신라 후기에 유행하던 양식의 마애불로 추정된다.'

　'삼릉계곡 마애 석가여래 좌상'은 줄곧 이어지는 석불 감상으로 조금 지쳐 있는 나그네를 달래어 준다. 지금까지 본 불교 작품들과 달리 크기가 6m나 되어 압도감이 대단한데다, 저 아래 배반동 방향으로 멀리 바라보이는 전망이 너무나 일품인 곳에 자리를 잡고 있는 덕분이다. 비록 불상이 이곳에 존재하지 않는다 하더라도, 속이 시원해지는 경치 완상을 위해 사람들이 줄지어 찾아올 만한 지점이라는 생각이 든다.

이제 국보 '칠불암 마애불상군'을 향해 남산 종주 등산로를 걷는다. 여기서 900m쯤 나아가면 금오봉이 나타나고, 다시 600m가량 나아가 오른쪽으로 접어들면 우리나라 최초 소설 〈금오신화〉 산실 용장사 터로 가게 된다. 소설 제목에 왜 '금오'가 들어갔는지는 금오봉 이름이 말해준다.

따로 용장사 터에 갈 계획이 없으면 오른쪽으로 접어들어 그곳 삼층석탑과 삼륜대좌불을 본 다음, 되돌아 나와서 칠불암을 향할 일이다. 용장사 터는 (평가하는 사람에 따라 다르겠지만) 칠불암 마애불상군·나정·포석정과 더불어 남산 4대 답사지로 평가될 만하므로 결코 놓쳐서는 안 된다.

'삼릉계곡 선각 육존불'에서 500m쯤 위, '삼릉계곡 마애석가여래 좌상'보다 아래에 '삼릉계곡 선각 여래좌상如來坐像'이 있다. 다리 부분이 거의 새겨지지 않아 미완성작으로 여겨지는 이 불상은, 경주 또는 남산 불상 중에서는 드물게 고려 시대 것으로 추정된다.

신라 역사가 시작된 남산 서북쪽
― 창림사 터, 남간사 터, 일성왕릉, 양산재, 나정

창림사 터 ▌포석정에서 서북쪽, 즉 왼쪽 산비탈로 들어서면 남산 일대에서 가장 큰 탑을 보게 된다. 높이 6.5m 창림사터 삼층석탑이다. 855년(문성왕 17)에 세워진 것으로 추정되는 이 탑은 오랜 세월 여기저기 돌덩이로 흩어져 있었다. 1976년 그것들을 주워 모으고 돌을 보태어 지금 모습으로 복원했다.

그 탓에, 부처님 나라와 불법佛法을 수호하는 여덟 신장神將(팔부신중八部神衆)이 매우 아름답게 새겨진 기단까지 거느렸음에도, 문화유산자료 대우도 받지 못하는 채 멀리 반월성만 바라보며 외로이 서 있었다.[1] 신라가 101년(파사왕 22) 월성을 쌓아 왕궁으로 삼기 전까지는 이곳이 바로 박혁거세가 처음으로 궁궐을 세운 자리였다는 자부심을 곧추 세운 채.

---

1) 2015년에 드디어, 뒤늦게 국가 보물로 지정을 받았다.

창림사 터 삼층석탑 기단에 새겨져 있는 팔부신중 일부

탑 1층 몸돌에 신기한 조각이 새겨져 있다. 문과 문고리이다. 여닫을 수 있도록 만들어져 있는 것도 아닌데 무엇 때문에 문과 문고리를 아로새겨 놓았을까?

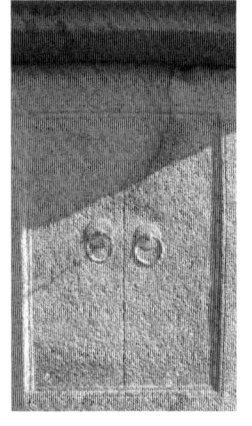

탑塔은 본래 석가모니부처의 무덤으로, 사리를 모셔놓고 제사 지내는 종교 시설이었다. 그런데 신도가 많이 늘어나자(탑이 많아지자) 부처님 사리를 많은 탑들에 다 모실 수 없게 되었다. 결국 탑돌에 작은 방龕인 감실龕室을 만들어 거기에 부처龕 형상을 모시는 것으로 대신했다. 창림사 터 석탑의 문과 문고리도 그런 까닭에서 새겨지고, 또 굳게 닫혀 있는 것이리라. '부처님이 계시는 신령한 곳이니 함부로 드나들 생각을 하지 말라!'

창림사 터

　이 곳 창림사지는 삼국유사에 신라 최초의 궁궐지로 기록된 유서 깊은 곳이다. 창림사는 통일신라시대에 창건되었고 고려 때까지 존속되어 오다가 조선초기에 폐사되고 탑만 남아 있었다. 1824년에 석탑은 사리 장엄구(舍利莊嚴具)를 도굴하려던 자에 의해 도괴되었고, 이 때 조탑사실(造塔事實)이 기록된 창림사 무구정탑원기(昌林寺無垢淨塔願記)가 나와 이 탑이 신라 문성왕 17년(855)에 건립된 것임이 밝혀졌다. 이곳 사역(寺域)에는 신라의 명필 김생이 쓴 사비(寺碑)가 있었으나, 지금은 없어지고 쌍두귀부와 수많은 주초석만 남아 있어 창림사 옛 터임을 말해주고 있다.

　박혁거세는 나정과 양산재의 동남쪽 언덕, 지금은 '창림사 터'라 부르는 곳에 신라 최초의 궁궐을 세운다. 이 시기를《삼국사기》는 '혁거세왕 21년(기원전 37)에 금성金城을 쌓았다. 26년(기원전 32) 봄 정월에 금성에 궁궐을 지었다.'라고 증언한다. 물론 초기 국가 형편상 대단한 궁궐은 아니었고, 그저 6부 촌장들의 집보다 조금 큰 수준이었을 것이다.

혁거세왕이 재위 21년에 쌓은 성 이름을 금성金城으로 정한 것은 진흥왕이 자신의 성씨를 김金으로 한 것과 같은 조어법造語法 적용이었을 듯하다. 금金은 당시 세상에서 가장 귀한 광물이었고, 임금은 가장 존귀한 존재였다. 왕이 기거하는 성은 '金城'이 되고, 왕의 성씨도 '金'이 될 수밖에.

신라는 101년 궁궐을 다시 지었다. 《삼국사기》는 파사왕이 재위 22년 '봄 2월 성을 쌓아 월성月城이라 이름 짓고, 가을 7월 월성으로 옮겨 거처했다.'라고 증언한다.

남간사 터 당간지주▣당幢은 부처의 위엄을 표시하고, 중생을 지휘하며, 마군魔軍을 굴복시키기 위해 법당 앞에 세우는 깃발 형태의 불교 도구佛具이다. 간竿은 깃대이므로, 당간지주는 깃대를 붙들어 매는 기둥이다. 창림사 터를 떠나 서북쪽으로 300m가량 가면 남산 지역에서 유일하게 볼 수 있는 높이 3.6m 당간지주가 논 가운데에 서 있는 광경과 만나게 된다.

남간사 터 당간지주는 국가 보물이다. 이 당간지주가 보물로 지정된 것은 당간을 고정시키기 위해 꼭대기에 파놓은 십자형 고랑竿溝 덕분이다. 십자형 간구竿溝를 가진 당간지주는 이곳 남간사 터 당간지주뿐이라 한다. 한참 십자형 간구를 관찰하다가 이윽고 당간지주 뒤에 펼쳐져 있는 못 둑과 산림을 바라본다.

남간사지 당간지주 (南澗寺址 幢竿支柱)

보물 제909호
소재지 : 경상북도 경주시 탑동 858-6

　당간(幢竿)은 절에서 불교 의식이 있을 때 불(佛)·보살(菩薩)의 공덕을 기리거나 마귀를 물리칠 목적으로 달았던 당이라는 깃발의 깃대를 말하며, 이 당간을 받쳐 세우는 돌기둥을 당간지주라 한다.

　남간사는 해목령(蟹目嶺)을 뒤로하여 서남산에 있었던 절로, 지금은 주춧돌과 우물 등이 남아 있다. 법당 터에서 조금 떨어진 곳에 3.6m 높이로 당간지주가 서 있다. 또한 두 기둥은 동서로 70cm의 간격을 두고 마주보고 있다.

　이 당간지주는 통일신라 중기인 8세기경에 만들어진 것으로, 윗부분과 옆모서리를 다듬었고 안쪽은 十자 모양의 홈을 판 것이 특이하다. 아래위에 둥근 구멍을 뚫었는데 그 구조가 단순하며 안정감을 준다.

　못이 있는 것은 그 뒤에 계곡이 있다는 말이다. 남간마을을 거쳐 못 옆으로 난 오솔길을 따라 장창골로 들어선다. 이내 국가 사적 일성왕릉이 나타난다(탑동 산23).

> 일성왕의 성은 박씨(朴氏)인데 『삼국사기, 三國史記』에는 제3대 유리왕(儒理王)의 맏아들로, 『삼국유사, 三國遺事』에는 제3대 유리왕의 조카 혹은 제6대 지마왕(祇摩王)의 아들로 기록되어 있다. 왕은 농사짓는 땅을 늘리고 제방을 수리하여 농업을 권장하였으며, 백성들이 금은주옥(金銀珠玉)을 사용하지 못하게 하였다.

일성왕릉 ▎일성왕은 신라 7대 임금으로, 134년부터 154년까지 20년 동안 재위했다. 서남산 다른 왕릉 주인들과 마찬가지로 그 역시 박씨 임금이다.

《삼국사기》는 그를 3대 유리왕의 맏아들로 기록하면서, 당시 사람들이 유리왕의 태자 일성을 두고 '위엄과 현명함이 파사에 미치지 못한다'라고 평가하여 왕위를 동생 파사에게 주었다고 전한다.

동생도 있었으니 일성 출생 연도는 최소한 아버지 유리왕이 사망한 57년은 아니었다. 출생 연도를 가장 늦게 잡아 56년으로 보더라도, 즉위한 134년이면 그의 나이가 78세나 된다. 78세에 임금이 되었다?

어쨌든 《삼국사기》는 부왕 유리왕 사후 4대 탈해, 5대 파사, 6대 지마왕을 거쳐 그에게 임금자리가 돌아왔다고 말한다. 조금 미심쩍은 부분이다. 그래서인지 《삼국사기》는 일성왕이 '일지 갈문왕의 아들이라고도 한다'라는 말을 덧붙여 두었다.

지름 15m, 높이 5m 크기 일성왕릉은 그야말로 아름드리 소나무 고목들이 위엄을 뽐내며 지키고 있다. 그런데 그 거목 소나무들이 너무나 아름답다. 대략 80세에 임금이 되고, 약 100세에 타계한 왕의 묘를 지키는 소나무답게 그들은 정말 한 점 티끌도 없이 하늘까지 솟아 있다. 아무리 사진기로 전신을 담으려 해도 결코 허락하지 않는 도도함을 보여주는 일성왕릉 소나무, 그 그늘 아래에서 시원한 솔바람을 맞는다.

일성왕릉에서 나정과 양산재로 가기 위해 다시 남간마을로 내려오면 (남간길 87) 경덕사景德祠 앞을 지나게 된다. 신라 6부 가리촌 촌장이자 배씨 시조인 배지타裵祗沱와 고려 개국공신 배현경裵玄慶을 기리는 제향 공간이다. 더 내려오면 마을 복판에 (남간안길 7) '남간사지 석정石井'(경북 문화유산자료)도 있다.

나정, 신라가 시작된 성지

　남간마을에서 35번 도로까지 이어지는 땅은 신라가 시작된 성지聖地이다. 박혁거세가 알로 태어난 나정과, 혁거세 이전에 서라벌 땅을 다스렸던 6부 촌장들을 모시는 양산재가 있는 곳이다.《삼국사기》첫머리를 읽어보지 않을 수 없다. '성은 박씨이고 이름은 혁거세이다.' '(기원전 57년에) 왕위에 올랐다. 왕호는 거서간居西干이다. 이 때 열세 살이었으며 나라 이름은 서라벌이었다.'

　《삼국사기》는 또 '(박혁거세가 태어나기 이전에) 조선 유민들이 (경주의) 산골에 분산되어 살면서 여섯 마을을 이루고 있었다.'라고 말한다. 이때 '조선'은 이씨李氏조선朝鮮과 구별하기 위해 쓰는, 즉 김부식 당대에 사용되지 않았던 국가 이름 고조선古朝鮮(단군조선과 위만조선을 합한 이름)을 가리킨다. 즉《삼국사기》기록만으로는 당시 사람들이 기원전 3세기 말~기원전 2세기 초에 남하한 단군조선 백성들인지, 아니면 기원전 108년 한사군漢四郡 설치 무렵 남쪽으로 내려온 위만조선 백성들인지는 알기 어렵다.

본래 '고조선'은 일연이 《삼국유사》를 편찬하면서 단군이 세운 '조선'을 위만조선과 구별하기 위해 바꾸어서 붙인 이름이다. 일연의 '고조선'은 기원전 2,333년부터 기원전 3세기 말~2세기 초의 마지막 임금 준왕 때까지 지속되고, 위만조선은 준왕에게 왕위를 빼앗은 위만부터 기원전 108년 우거왕이 죽을 때까지 이어진다.

준왕은 위만에게 나라를 빼앗긴 뒤 배를 타고 남하해 한왕韓王 노릇을 한다. 이때 단군조선 유민도 상당수 내려온다. 그후에도 배달민족은 계속 남하한다. 기원전 109년 한漢이 육군 5만과 수군 7천을 일으켜 위만조선을 공격하면서 왕검성王儉城이 1년 동안 포위되자, 강화파講和派 역계경이 2천 명을 이끌고 남쪽 진국辰國으로 내려온다. 배신한 신하 삼이 보낸 자객에 우거왕이 암살당하고 결국 나라가 망했을 때, 다시 많은 백성들이 남쪽으로 내려왔다.

유민 남하는 계속 이어졌으니, 신라 건국 무렵 경주인이 정확하게 언제 내려온 사람들인지는 알 수 없다. 《삼국사기》는 '(경주 산골에 사람들이 여섯 마을을 이루고 살았는데) 이것이 진한 6부가 되었다.'라고 말한다.

6부 시조를 제사 지내는 **양산재**

진한辰韓은 뒷날 대략 신라 땅이 되어 백제 땅 마한馬韓, 가야 땅 변한弁韓과 한반도 남부를 삼등분한다. 그래서 삼한三韓이 성립된다. 김유신이 문무왕에게 '삼한이 한 집안이 되었다三韓爲一家'라고 말할 때 그 '삼한'도 (고구려, 백제, 신라를 뜻하지만) 마한, 진한, 변한을 가리키는 '三韓'에서 온 용어이다.

6부는 아직 나라가 아니었고, 당연히 왕도 없었다. 여섯 골짜기에 각각 사는 주민의 촌장들이 지도자였다. 기원전 69년 3월 1일《삼국유사》) 6촌 촌장 중 한 사람인 소벌공이 '양산楊山 기슭 나정蘿井 옆 숲속에 말이 꿇어 앉아 울고 있는 것을 목격했다. 그가 바로 달려갔지만 말은 이미 보이지 않고 큰 알만 남아 있었다. 알에서 아이가 나왔다.'

이 아이는 영리한데다 행동도 반듯하고, 특히 기이한 출생을 거쳤으므로 6부 사람들이 높여 받들었다. 13세에 왕으로 추대(《삼국유사》)된 것도 그 덕분이었다. 아이에게 박씨 성을 붙인 것은 그가 출생 전에 들어 있었던 알이 '박'과 비슷한 모양이었기 때문이다.

이름은 혁거세赫居世라 불렀다. 알에서 태어났을 때 목욕을 시키자, 온몸이 환하게 빛나고 천지가 진동하며 해와 달이 맑아졌다. 그래서 그런 이름이 붙었다.

오릉 안내판은 "신라 초기 박씨 왕들 무덤으로 알려져 있다."면서 "내부 구조는 알 수 없다."라고 설명한다. 이는 오릉이 아직 발굴 조사를 거치지 않았다는 뜻이다. 오릉 안내판 전문을 읽어본다.

> 이 능은 남산의 서북쪽에 해당되는 경주 평야의 남쪽 끝에 위치하고 있으며, 신라 초기 박씨 왕들의 무덤으로 알려져 있다.
> 다섯 무덤은 신라 시조 박혁거세왕(赫居世王)과 제2대 남해왕(南解王), 제3대 유리왕(儒理王), 제5대 파사왕(婆娑王) 등 초기의 박씨 임금 네 분과, 혁거세왕의 왕후 알영부인(閼英夫人)의 능으로 전해 온다.
> 내부 구조는 알 수 없으나, 겉모습은 경주시내 평지 무덤과 같이 둥글게 흙을 쌓아 올린 형태이다.
> 경내에는 혁거세왕의 제향(祭享)을 받드는 숭덕전(崇德殿)과 그 내력을 새긴 신도비(神道碑)가 있다.

이 능(오릉)은 남산 서북쪽에 해당되는 경주 평야 남쪽 끝에 위치하고 있는데, 신라 초기 박씨 왕들의 무덤으로 알려져 있다. 다섯 무덤은 신라 시조 박혁거세, 제2대 남해왕, 제3대 유리왕, 제5대 파사왕 등 신라 초기 박씨 임금 네 분과, 혁거세왕 왕후 알영 부인의 능으로 전해 온다. 내부 구조는 알 수 없으나, 겉모습은 경주 시내 평지 무덤과 같이 둥글게 흙을 쌓아 올린 형태이다. 경내에 혁거세왕의 제향祭享을 받드는 숭덕전崇德殿과 그 내력을 새긴 신도비神道碑가 있다.

빛赫이 세世상에 머물렀다居! 일연은 '赫居世는 필경 향언鄕言'이라 했다. 본래 한자어가 아니고 순수 우리말인데 뒷날 한자로 옮겨졌다는 뜻이다.

일연은 '혁거세왕은 불구내왕弗矩內王이라고도 하는데 이는 밝게 세상을 다스린다는 뜻'이라 했다. 나라 이름은 서라벌徐羅伐로 정했다. 서라벌은 '아침해가 가장 일찍 환하게 비치는 땅'이라는 뜻이다.

서라벌은 한자로 옮겨지면서 서벌, 사라, 사로로도 불렀다. 《삼국유사》는 '왕이 계정鷄井에서 탄생했으므로 나라 이름을 계림국鷄林國으로도 불렀다. 신라新羅라는 국호는 후세에 정했다.'라고 증언한다.

'신라'를 국호로 정한 때는 503년(지증왕 4)

신라가 국호로 확정된 것은 503년(지증왕 4)이다. 《삼국사기》는 신하들이 '신新은 덕업德業이 날로 새로워진다新는 뜻이고, 라羅는 사방을 망라羅한다는 뜻이니德業日新網羅四方, 그것으로 나라 이름을 삼는 것이 마땅할까 하옵니다.' 하자 '(지증)왕이 그 말을 따랐다.'라고 증언한다. '사방 망라'는 신라가 이때부터 통일을 염두에 두고 있었음을 말해준다.

신하들은 지증왕에게 '예로부터 나라를 가진 분들은 모두 황제나 왕을 칭했습니다. (그런데 우리는 아직도 거서간, 이사금, 차차웅, 마립간 등을 쓰고 있습니다.) 이제 신라 국왕新羅國王이라는 존호를 올립니다.' 하고 아뢰었다. 이는 지증왕 때에 왕권이 확실히 강해졌다는 사실을 의미한다.

지증왕은 재위 3년(502) 순장殉葬 금지령을 내렸다. 순장은 권력자가 죽으면 아내와 시종 등을 함께 생매장하는 풍습이다. 왕은 또 일반 백성들도 농사에 소를 이용할 수 있게 조치했다. 백성들은 땅을 깊게 팔 수 있었으므로 훨씬 많은 수확을 얻게 되어 생활이 훨씬 윤택해졌다.

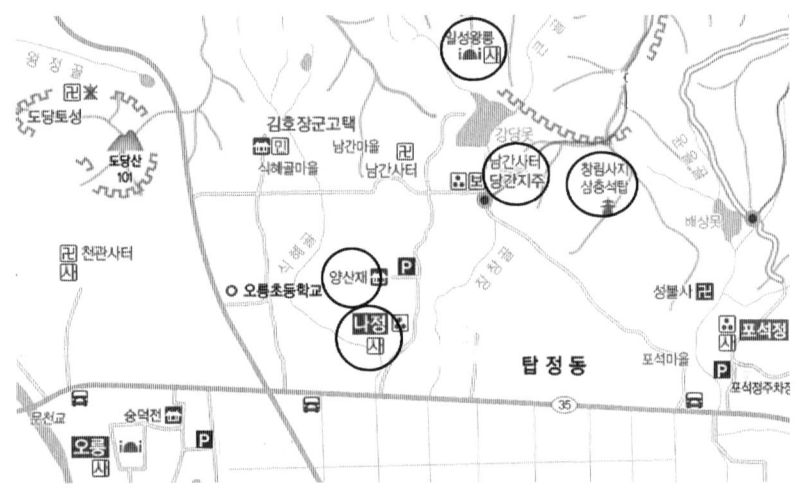

창림사 터 삼층석탑 - 남간사 터 당간지주
- 일성왕릉 - 양산재 - 나정

《삼국유사》 박혁거세 탄생 신화에 유심히 읽어야 할 대목이 있다. 박혁거세만이 아니라 6부 조상들도 '모두 하늘에서 내려온 듯하다似皆從天而降' 부분이다. 이는 박혁거세 출현 이전부터 경주에 살았던 6부 사람들 또한 본래 이곳 선주민先住民이 아니라는 뜻이다.

(대구 북구 호국로57길 6 선사유적전시관에 따르면) 구석기인은 대략 기원전 8천 년 이전에 살았다. 신석기인은 기원전 8천 년부터 기원전 1천 년 사이, 청동기인은 기원전 1천 년부터 기원전 300년까지 살았다. 그 후 사람들은 철기인이다. 그렇게 보면, 남하한 고조선 유민은 쇠 무기를 가진 철기인이었다.

철제 무기를 대량 생산해 병사들 모두가 최신식 무장을 갖춘 철기 국가의 전투력은, 당대 수준을 감안해 현대어로 표현하면 핵무기를 가진 것이나 마찬가지였다. 선주민 시각에서 볼 때 그들은 '하늘에서 내려온 신'이었다. 6부 사람들은 자신들보다 먼저 경주 지역에 정착해 살고 있던 선주민들로부터 신 대접을 받았던 것이다.

하지만 '더 높은 하늘에서' 박혁거세가 내려오자 6부 촌장들은 그를 '왕'으로 모실 수밖에 없었다. 시대가 흐를수록 더욱 강력한 신무기로 무장한 외부 세력이 진입하게 마련인 고대 사회에서 그것은 어쩔 수 없는 일이었을 터이다.

국가 사적 나정은 경주시 탑동 700-1, 6부 시조들을 제사 지내는 양산재는 바로 그 옆 탑동 692에 있다.

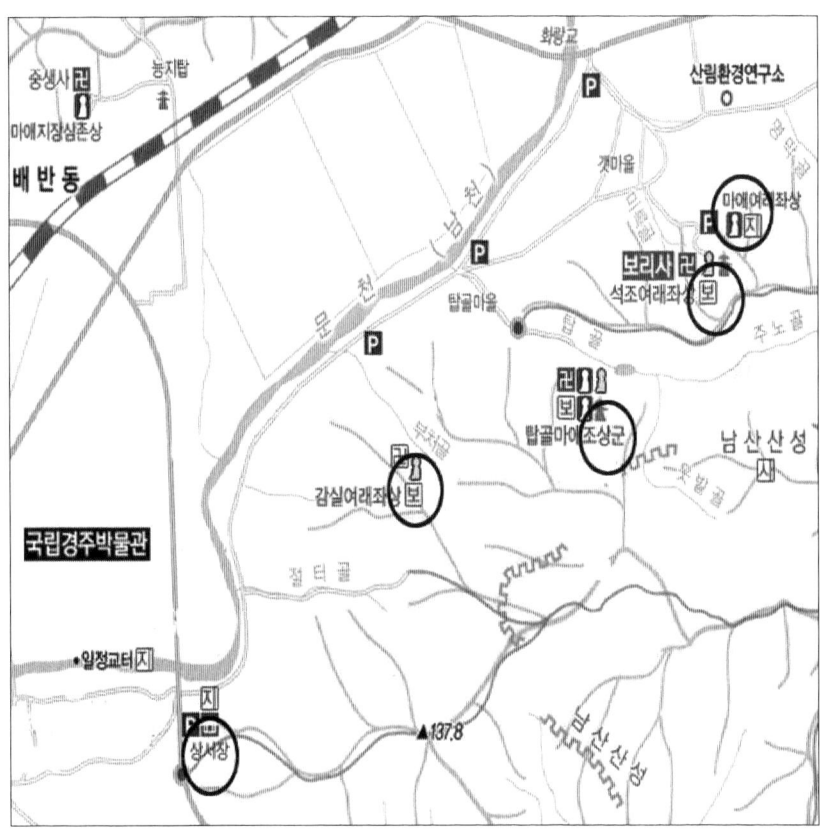

상서장 - 경주 남산 불곡 마애여래좌상(세칭 부처골 감실석불, 할매부처) - 경주 남산 탑곡 마애불상군(탑골 부처바위) - 경주 남산 미륵곡 석조여래좌상(보리사 석불좌상) - 보리사 마애석불

석굴암과 황룡사 탑 원형이 남아 있는 남산 동북쪽
– 상서장, 불골 할매부처, 탑골 부처바위, 보리사 석불좌상

경주 문화유산들은 대체로 통일신라 때 작품이다. 고구려 백제 신라가 쟁패하던 삼국시대 것이 아니다. 즉 부여, 공주, 김해에 경주보다 훨씬 적은 수의 국보나 보물급 문화유산이 남아 있는 것은 당연하다. 금관가야(532년)와 백제(660년)가 망한 뒤 275년~403년이나 더 지속된 신라 땅에 뛰어난 문화유산들이 더 많이 만들어지고, 또 남아서 전해지게 된 까닭이야 달리 생각해볼 여지도 없는 일이다.

이 대목에서 가장 억울한 이들은 아마도 대구 시민들일 듯하다. 삼국통일 직후인 689년, 재위 9년을 맞은 신문왕은 대구로 서울을 옮기려 했다. 물론 천도는 실현되지 못했다. 현대 자본주의 사회에 견주어 말하면, 서울 비싼 땅을 소유하고 정치권력까지 쥔 기득권 세력이 극렬하게 반대했기 때문이다.

신문왕의 달구벌 천도 계획이 성사되었으면 대구는 한반도 제1의 정치경제 중심지가 되었을 것이다. 뿐만 아니라 불국사, 다보탑, 석가탑, 석굴암, 괘릉, 안압지 등등 최고 명성을 드날리는 신라 국보와 왕릉들이 대구 팔공산, 비슬산, 시내 중심가 일원을 가득 메우고 있을 터이다.

최치원 사당 상서장

상서장 ▌나정에서 경주 시내 방향으로 가면 금세 오릉 사거리에 닿는다. 이 사거리에서 오른쪽으로 접어들어 고개를 넘으면 굽잇길이 끝나는 지점 오른쪽에 주차장이 설치되어 있다. 아무도 차를 멈출 일이 없을 것 같은 곳인데 무슨 까닭에선지 그 주차장은 넓이도 만만찮다.

인왕동 274, 상서장上書莊이다. 이름 끝에 '장'이 붙은 집으로는 이승만의 이화장, 김구의 경교장 등이 연상된다. 상서장 또한 최치원이 894년 시時급히 할 일務 십여十餘 가지條를 글書로 적은 〈시부십여조時務十餘條〉를 진성여왕에게 올렸던上 곳이다. 그가 글을 올린 곳에 조선 순조 이후 집莊을 지어 사당으로 삼았다(경상북도 기념물).

최치원은 857년 태어나 12세 때 중국 유학을 떠났다. 18세 때 중국 과거에 합격하고, 25세 때 황소 반란을 꾸짖는 격문 〈격황소서檄黃巢書〉를 지어 이름을 떨쳤다. 28세 되던 885년 귀국했으나, 나라가 망해가면서도 개혁이 되지 않는 데 절망, 42세 전후에 가족과 함께 가야산으로 들어갔다. 그 후 신선이 되었다고 전한다.

선덕여왕을 모델로 한 '할매 부처'

상서장 주차장 끝에서 남천으로 내려가는 좁은 길로 들어선다. 도로는 남천과 나란히 남산 동북쪽 비탈을 안고 이어지다가, 화랑교에서 통일전 가는 길과 만난다. 상서장과 화랑교 사이에 세 골짜기가 있다. 부처골, 탑골, 미륵골이다.

부처골에는 그 이름답게 대단한 부처가 계신다. 신라인들이 '석굴암 전신前身'으로 믿었을 법한 불상이다. 대구시 군위군 부계면 남산리 산15 '군위 아미타여래삼존 석굴'(국보)과 더불어 석굴암 원형으로 인정되는 이 불상의 공식 이름은 '경주 남산 불곡 마애여래좌상'(보물)이다.

'경주 남산 불곡佛谷 마애여래좌상磨崖如來坐像'은 경주 남산 부처佛골谷 바위崖에 앉은坐 모습像으로 새겨진磨 부처如來라는 뜻이다. 경주 토박이 노인들은 요즘도, 남천을 사이에 두고 낭산 선덕여왕릉 반대편쯤 되는 남산 북쪽 끝자락의 이 불상을 '할매 부처'라 부른다. '할매'라는 말이 지닌 친근감 덕분에 진작부터 이 불상에는 정겨움이 가득하다. 인자한 할머니 느낌을 주는 불상인 까닭에 답사자도 자연스레 마음이 편안해진다.

가까이 다가서서 보면 할매는 두 손을 소매 안으로 집어넣어 드러나지 않게 숨겼다. 깊게 판 입 주위로는 잔잔한 미소가 흐르고, 둥근 얼굴은 약간 숙이고 있다. 두건 같은 천을 귀까지 덮었고, 눈은 약간 도드라졌다. 천상 여자 보살이다.

할매부처는 목에 삼도가 없고, 옷이 양 어깨를 다 덮었으며, 큰 머리에 둥근 얼굴을 하고 있다. 그래서 7세기 작품으로 추정된다. 남산에 있는 불상들 중 배리삼존불입상과 더불어 가장 오래된 것으로 손꼽힌다.

물론 대중에게는 할매부처가 선덕여왕을 본떠서 만들어졌다는 이야기가 훨씬 더 흥미롭다. 선덕여왕이 죽은 때는 647년으로, 당시 60세 전후 나이였던 것으로 짐작된다. 따라서 남산 끝자락 감실 마애불의 모델로 영원히 '할매' 소리를 듣게 되었다 한들 생물학적 연령에 견주면 여왕도 크게 억울할 일은 아닐 법하다. 다만 국민들의 정서 속에 지략을 겸비한 젊은 여왕 심상으로 굳게 살아 계시는 선덕여왕을 '할매'라 부르자니 어쩐지 미안할 뿐.

석굴암 원형 '경주 남산 불곡 마애여래좌상'

　높이 3m, 폭 4m가량 되는 바위에 깊이 60cm, 높이 1.7m, 폭 1.2m 정도 굴을 파고 그 안에 1.4m쯤 되는 부처가 모셔져 있다. 석굴암이 없던 당대에는 최고 '작품'으로 대단한 이름을 떨쳤을 게 분명하다. 게다가 선덕여왕을 모델로 했다면 유명세는 더 더욱 하늘 무서운 줄 모르고 치솟았을 터.

　석굴암, 군위 삼존불, 경주 남산 할매부처, 골굴암 등 석굴을 파고 불상을 모신 것은 인도 영향이다. 인도는 쉽게 긁혀지는 석회암 종류가 많은데다 날씨가 더운 곳이라 수도 생활을 하기에는 석굴 사원이 제격이었다.

　우리나라에서도 불교 발상지 인도를 본떠 석굴을 기도처로 쓰고 그 안에 불상을 새기는 일이 번졌다. 다만 할매부처는 석굴암, 군위 삼존불, 골굴암처럼 스님이 석굴 안에서 생활할 수 있을 만큼 내부 면적이 넓지 않기 때문에 밖으로 목조 집을 덮지 않았을까 추측된다.

　할매부처는 오전 중에 찾아뵈면 얼굴을 반쯤 그림자로 가린 채 고개를 숙이고 있다. 동쪽에서 비치는 아침 햇살이 바위그늘을 만들어 할매 얼굴을 어둡게 만드는 탓이다. 그런데 오후에 다시 찾아뵈면 언제 그랬느냐는 듯 온통 얼굴을 환하게 밝힌 채 사람을 맞는다. 고개는 여전히 숙이고 있지만, 곱게 늙어 수줍은 듯한 미소는 영락없이 우리나라 전통 '할매'의 친근감을 가득 보여준다.

이 마애불상은 이곳 골에 불곡佛谷이라는 이름이 붙게 만들었다. '할매 부처'였으니 많은 신라인이 찾았을 것이고, 시대를 대표하는 불상이 있는 골짜기라 하여 '부처골'이라 불렀을 터이다. 부처골 한자어 표기가 불곡이다. 부처골을 불곡으로 바꾼 것은 경덕왕 때인 757년일 법하다. 우리나라 사람이름, 땅이름, 산이름 등을 중국식으로 대거 바꾼 것이 바로 그때이므로.

탑골 부처바위('경주 남산 탑곡 마애불상군')에 새겨져 있는 황룡사 9층탑

부처골 바로옆 골은 탑골이다. 골짜기 입구 안내판은 통일신라 때 신인사神印寺라는 절이 있었는데, 그 절에 대단한 3층 석탑이 있어 이 골짜기를 탑골이라 부르게 되었다고 해설한다.

'대단한' 탑이 있었다고 하니 아니 찾아볼 수 없다. 물론 아무리 열심히 찾아도 탑은 없다. 하지만 '닭 대신 꿩'이다. 사람 혼을 쏙 빼내는 듯한 엄청난 바위와 마주치게 되기 때문이다. 답사자는 빙빙 돌며 바위 네 면을 정신없이 들여다본다.

골짜기 중간쯤에서 만난 높이 10m, 둘레 30m의 커다란 바위에는 언뜻 세어도 30여 점 이상 되는 불상, 탑, 사자 등이 사방으로 새겨져 있다. 불국토를 꿈꾼 신라인들이 볼 때 세상에 부처님이 아니 계시는 곳은 없으니, 당연히 이렇게 4면 가득 불교 그림을 새겼던 듯하다. 본래 큰 바위에 절을 올리던 것이 우리네 원시 신앙인 바, 불교 전래 후 불상과 탑까지 새겨진 바위가 나타났으니 얼마나 대단한 종교 시설이었을까!

7세기 작품으로 여겨지는 부처바위의 조각들 중 가장 놀라운 것은 (공식 이름 '경주 남산 탑곡 마애불상군'은 불상을 강조하고 있지만) 9층 동탑과 7층 서탑으로 이루어진 쌍탑이다. 특히 선덕여왕이 완성한 황룡사 9층목탑의 원형으로 보이는 동탑은 보는 이를 감동에 젖게 한다. 1238년 몽고군이 불살라 볼 수 없게 된 황룡사 9층탑을 여기서 보게 되다니!

황룡사 창건은 553년, 진흥왕 14년에 시작되었다. 최초의 공인 사찰 흥륜사를 짓고(544년) 9년 뒤 일이다. 황룡사 창건에는 갓 서른을 넘긴 진흥왕의 국가 '진흥' 패기가 엿보인다.

진흥왕은 즉위 12년이던 551년, 연호를 개국開國으로 정했다. 개국은 나라를 연다는 뜻이니, 그만큼 새로운 나라를 이 땅에 세우겠다는 '신라의 광개토대왕'다운 야심찬 선언이었다.

553년, 진흥왕은 새 궁궐 건축에 착수했다. 그런데 월성 동쪽 궁궐 부지에 누런黃 용龍이 나타났다. 왕은 궁궐을 사찰로 바꾸어 짓게 했다. 면적이 2만4천여 평에 이르는 동양 최대 사찰이 착공된 것이다. 절 이름은 응당 황룡사가 되었다.

그 해 진흥왕은 백제 동북쪽을 빼앗아 신주를 설치하고 김유신의 할아버지 무력을 군주로 임명했다. 무력은 이듬해 관산성(충북 옥천) 전투에서 백제군 2만9천6백 명을 죽이고 성왕의 목까지 베는 엄청난 승리를 거두었다.

643년(선덕여왕 12), 드디어 착공 93년 만에 황룡사가 완성되었다. 선덕여왕은 9층목탑을 더 지어 빛을 보태었다. 일연은 《삼국유사》에 '탑을 세운 뒤 삼한三韓이 통일되었으니 어찌 탑의 영험이 아니겠는가!'라고 썼다.

이런저런 생각을 하다가 문득, 안내판의 해설에 상상력을 보태본다. 신인사 탑이 있었기 때문에 이 골짜기를 탑골이라 부르게 된 것이 아니라, 34점의 불교 그림이 한꺼번에 새겨져 있는데다 황룡사 9층탑과 7층탑을 고스란히 보여주는 국가 보물 부처바위가 있기 때문에 그런 이름이 생겨난 것이 아닐까? 부처바위의 쌍탑이 곧 해설에 등장하는 신인사의 유명 탑 바로 그것이라는 상상이다.

경주 남산 미륵곡 석조여래좌상

 탑은 불상과 법당보다 먼저 생긴 신앙의 대상이다. 신라인들은 이곳 부처바위에 영험한 탑 조각을 새겼다. 그것이 밑그림이 되어 황룡사 탑이 지어졌다. 어찌 골짜기에 탑골이라는 이름이 붙여지지 않을 것인가.
 물론 부처바위 탑 그림이 황룡사탑 완공을 경축하는 뜻에서 그려졌을 수도 있다. 황룡사 9층목탑 자체가 세우는 데 2년이 걸린 엄청난 불사佛事였으니 그것이 차차 모습을 드러내는 것을 목격한 어떤 승려 조각가가 감동한 나머지 자신도 부처바위에 똑 같은 탑 그림을 새겼을 수도 있을 법하기 때문이다. 아무튼 부처바위의 웅혼한 탑 그림은 불자들 마음을 휘어잡았을 터, 그들은 이 골을 드나들면서 "탑골에 절하러 가십시다." 등의 대화를 주고받았을 것이 틀림없다.

경주 남산에서 가장 완전한 석불, 보리사 석불좌상

 공식 명칭 '경주 남산 미륵곡彌勒谷 석조여래좌상石造如來坐像', 속칭 '보리사 석불좌상'이 몹시 아름답다는 말에 길을 나선다. 탑골에서 화랑교 쪽으로 조금 가면 나오는 갯마을이 미륵

남산 동북쪽

골 입구라 한다. 갯마을은 보통 바닷가 어촌 이름인데, 남산 동북녘 산촌을 그렇게 부른다니 신기하다. 어쩌면 그곳이 아득한 옛날에는 남천과 가장 가까이 붙어있으면서 물고기도 잡고 배도 띄우던 마을이었는지 모른다.

하지만 갯마을 이름만 가지고 보리사 석불좌상을 찾기는 그리 쉽지 않다. 임업 시험장이 훨씬 손쉬운 기준점이다. 보리사는 임업 시험장 바로 뒤편 산속에 있다. 그리고 유명한 보물 석불좌상은 보리사 대웅전 옆에 있다.

대웅전 앞에 선 채, 잠깐이지만 가팔랐던 오르막을 헉헉거리면서 올라온 숨을 고른다. 그 순간 왼쪽을 쳐다보면 너무나  잘 생긴 부처님이 은근한 미소를 머금은 채 조용히 앉아 계시는 모습이 눈에 들어온다.

보리사 석불좌상은 불상 높이 2.44m, 전체 높이 4.36m에 이르는 대작이다. 자비로우면서도 거룩한 계란형 얼굴, 작은 불상들과 불꽃 무늬를 아로새긴 눈부신 광배, 화려하고 부드러운 옷자락과 반쯤 감은 눈으로 세상을 굽어보는 유연한 표정, 목에 뚜렷한 삼도, 눈썹 사이 백호를 장식한 보석 등 통일신라의 향기가 넘쳐나는 걸작이다. 안내판은 '남산에 있는 석불 가운데 가장 완전한 것'이라고 당당하게 말한다.

보리사 마애석불

이 석불좌상에는 특이한 점이 한 가지 있다. 뒷면에 약사여래불이 따로 새겨져 있다는 사실이다. 앞면과 뒷면에 각각 불상이 새겨진 희귀 사례로, 멀리서 온 답사자를 한껏 즐겁게 해준다. 보리사 석불좌상을 찾은 답사자는 (불신도가 아닐지라도) 세속 소원 한 가지를 뒷면 부처님께 빌어볼 일이다.

보리사 마애불 ▮ 보리사에서 내려오는 길에 '경주 남산 미륵곡 석조여래좌상 180m, 보리사 마애석불 150m' 이정표를 다시 본다. 올라갈 때 이미 보았던 것이지만, 당시는 석불좌상을 만나고 싶은 조급함에 짓눌려 있었으므로 '보리사 마애석불' 답사는 보리사에서 돌아 나올 때 실행하기로 미뤘었다. 이제 여유가  생겼다. 오른쪽으로 난 좁은 산비탈 길을 걸어 마애석불을 찾아간다.

보리사 마애석불은 배경돌 가운데 부분을 약간 파서 1.5m가량 되는 얕은 감실을 만든 후, 그 안에 90cm가량 되는 부처를 양각했다. 양뺨 가득 자비로운 미소를 띠고 있는 모습이 인상적이다.

국보가 수두룩한 경주에서 보물도 아닌 유형문화유산 수준은 명함도 내밀기 어렵다. 하지만 이 마애불상은 그 경지를 뛰어넘는다. 위치 덕분이다. 안내판 첫 문장이 호기심을 자극한다.

'이 마애불은 망덕사터를 비롯한 벌지지 들판을 한눈에 내려다볼 수 있는 전망 좋은 곳에 있다.'

보리사 마애석불에서 동쪽으로 바라보면 선덕여왕릉이 모셔져 있는 낭산, 같은 자락의 사천왕사 터, 그리고 그 앞뜰을 이루는 망덕사 터, 다시 더 멀리 황룡사 터까지 한눈에 다 들어온다. 그렇다면! 그 모든 것들이 실물 그대로 존재했던 통일신라 당대에는 과연 어떠했을까. 이곳에 마애불을 새긴 신라인들의 심미안이 새삼 눈물겨울 지경이다.

그들은, 서울 전경이 시원하게 바라보이는 이곳 바위에 나라와 사람들을 지켜줄 부처님을 아로새겨 놓고서 날마다 찾아와 기도를 올렸으리라. 그들은 진정 불국토를 자처한 신라 사람들이었던 것이다. ■

설화와 역사가 어우러진 남산 동쪽
— 헌강왕릉, 정강왕릉, 서출지, 남산동 쌍탑,
전 염불사 터, 칠불암 마애불상군, 신선암 보살반가상

보리사 마애불상에서 도로로 내려온다. 오른쪽에 통일전, 왼쪽에 화랑교가 있다. 화랑교 건너 망덕사 터가 있지만 남산 자락은 아니므로 다음 기회에 답사하기로 한다. 아무래도 망덕사 터는 선덕여왕릉, 신문왕릉, 사천왕사 터, 능지탑, 중생사 등과 묶이는 낭산狼山 답사에 넣어야 마땅할 듯하다.

화랑교 다리 아래를 지난 남천은 남산 북동쪽 비탈 세 골짜기, 즉 불곡, 탑골, 미륵골에서 흘러내린 물 모두를 가슴에 안은 채 상서정 옆으로 흐른다. 경주 시내 남녘 들판과 남산 사이를 흘러가는 하천 이름이 남천인 것이야 당연한 일이다.

남천은 반월성 해자가 되었다가 김유신 집터 앞을 거쳐 서천과 합류해 형산강이 된다. 잠시 후, 문무왕이 통일 후 투구를 묻은 무장사 터에서 보문호를 지나 내려온 북천도 형산강으로 들어온다. 그렇게 남천, 북천, 법흥왕릉 앞을 지나온 서천이 모두 뭉쳐진 형산강은 포항으로 달려간다. 경주 사람 박세상의 아내 김씨가 치술령에 올라 내내 동해만 바라보았듯이, 경주를 관통하는 남천 또한 끝내 동해로 달려가는 것이다.

> 헌강왕은 경문왕(景文王)의 태자로서 문치(文治)를 잘 하였으며, 이 시기에 처용무(處容舞)가 시작되었다고 한다. 왕위에 있는 동안 태평성대를 이루었는데, 거리마다 노래소리가 끊이지 않았고 일본왕이 사신을 보내 황금을 바칠 정도였다고 한다.

처용이 출현한 태평성대의 헌강왕릉

통일전으로 가는 중에 헌강왕릉과 정강왕릉을 둘러본다. 둘 다 왕릉이라는 후광에 힘입어 사적으로 지정되어 있다.

49대 임금 헌강왕은 875년부터 886년까지 11년간 왕위에 있었다. 헌강왕 시절은 태평성대였던 듯하다. 《삼국사기》와 《삼국유사》에 비슷한 내용이 실려 있다. 《삼국유사》에서 관련 기록을 읽어본다. '서울로부터 지방에 이르기까지 집과 담이 이어지고 초가는 하나도 없었다. 음악과 노래가 길에 끊이지 않았고, 바람과 비는 사철 순조로웠다.'

처용이 나타난 것도 헌강왕 때 일이다. 《삼국유사》는 그의 출현에 대해 이렇게 기록하고 있다.

> 대왕이 동해 바닷가에서 놀던 중 돌아가려고 물가에서 쉬고 있을 때였다. 한낮이었는데 갑자기 구름과 안개가 자욱해서 길을 찾을 수 없을 지경이었다. 왕이 괴상하게 여겨 좌우 신하들에게 물으니 일관日官이 아뢰었다.

헌강왕릉

처용 출현지 '처용 바위'

처용 바위 원경 (울산 세죽마을)

"이것은 동해 용의 조화이오니 좋은 일을 해서 풀어야 할 것입니다."

이에 왕은 용을 위해 근처에 절[望海寺]을 지으라고 명령했다. 왕이 명령을 내리자 문득 (포구를 가득 메우고 있던) 구름雲과 안개가 걷혔다開. (그래서 개운포開雲浦라는 지명을 얻었다.)

동해 용이 아들 일곱을 거느리고 나타나 헌강왕의 덕을 찬양하며 춤을 추고 음악을 연주했다. 아들 중 하나가 헌강왕을 따라 서울로 왔다. 처용處容이었다.

왕은 처용에게 결혼을 시켜주고, 급간級干이라는 관직도 주었다. 처용의 아름다운 아내를 역신疫神(병을 옮기는 귀신)이 흠모했다. 마침내 역신은 처용으로 변신해 처용이 없는 사이 집에 숨어들었고, 처용의 아내와 동침했다. 처용이 집에 돌아와 보니 두 사람이 나란히 누워 있었다. 처용은 노래를 부르고 춤을 추면서 물러나왔다.

서울 밝은 달에 밤늦도록 노니다가

남산 동쪽 81

들어와 자리를 보니 다리가 넷일러라.
둘은 내해이고 둘은 뉘 해인고.
본디 내해지만 빼앗겼으니 어찌할꼬.

역신이 본래 모양을 드러내면서 처용 앞에 꿇어앉아 말했다.
"내가 공의 아내를 사모하여 잘못을 저질렀습니다. 그런데도 공은 노여워하지 않으니 참으로 감동하는 바입니다. 맹세코 지금부터는 공의 모습을 그린 그림만 보아도 그 문안에 들어가지 않겠습니다."
이후 사람들은 처용 형상을 문에 그려 붙여 사귀邪鬼를 물리치고 경사스러운 일을 맞아들였다.

처용도 처용이지만 헌강왕 자신도 아주 예능에 뛰어난 인물이었다. 《삼국유사》는 '왕이 포석정에 갔을 때 남산의 신神이 왕 앞에 나타나 춤을 추었다. 좌우 사람들에게는 그 신이 보이지 않고 왕만 혼자서 보았다. 이때 왕도 춤을 추었다.'라고 기록하고 있다. 또 '왕이 금강령에 갔을 때에도 북악의 신이 나타나 춤을 추었다.', '동례전에서 잔치를 할 때에 지신地神이 나와서 춤을 추었다.' 등의 기록도 있다.
신이 나타났다는 것은 제사를 지냈음을 암시한다. 그래서 일연은 헌강왕 이야기를 말하면서 '지신과 산신이 장차 나라가 멸망할 것을 알리려고 춤을 추어 경계했는데도 사람들은 깨닫지 못하고 도리어 상서로운 일이 나타났다면서 술과 여색女色을 더욱 즐겼으니 나라가 결국 망하고 말았다.'라고 평가했다.

그렇게 볼 때, 경애왕도 포석정에서 술 마시고 놀다가 견훤에게 죽임을 당한 것이 아니라 하늘에 기도를 올리고 신하들과 회의도 하려고 그곳에 머물다가 참변을 당한 것이 아닐까 추정할 수도 있다.

정강왕릉 ▌ 헌강왕릉 옆에 그 다음 임금인 50대 정강왕의 무덤이 있다. 정강왕은 48대 경문왕의 차남으로 헌강왕의 동생이다. 그는 즉위 1년 만에 병사했다. 《삼국사기》에 유언이 실려 있다.

헌강왕릉(왼쪽)과 그의 동생 **정강왕릉**

"불행히 뒤를 이을 자식이 없으나, 누이동생 만曼은 천성이 명민하고 체격이 남자 못잖으니, 그대들이 선덕왕과 진덕왕의 옛일을 본받아 왕위에 세우는 것이 좋겠다."

왕이 죽으니 '보리사 남쪽에 장사지냈다.' 《삼국사기》는 헌강왕도 '보리사 남쪽에 장사지냈다'라고 기록하고 있다. 정강왕릉 주소가 '경주시 남산동 산 53'이고, 헌강왕릉 주소가 '경주시 남산동 산 55'이다. 《삼국사기》 기록 그대로 형제는 나란히 문혀 이승의 일을 모두 잊고 지내는 것 같다.

형제 왕릉을 지나면 바로 통일전이 나온다. 통일전은 무열왕, 문무왕, 김유신의 영정이 모셔져 있는 현대 건물이다. 세 사람의 사적비와 삼국통일 기념비, 그리고 삼국통일의 역사를 그림으로 표현한 기록화도 있다.

이 시설에 '통일전'이라는 이름을 붙인 까닭은 김춘추, 김법민, 김유신이 '삼국 통일'의 주역이기 때문이다. 안내판은 '박정희 대통령의 분부를 받들어 1977년 이곳에 통일전을 조성했다'라고 설명한다.

'경주 서출지'

서출지書出池 ▌통일전 옆에 있다. 상서장上書莊이 글書을 임금께 올린上 집莊이듯, 서출지는 글書이 나온出 연못池이다.

488년, 연못 속에서 노인이 솟아나와 소지왕에게 봉투를 내밀었다. 봉투 겉봉에 '이것을 뜯어보면 두 사람이 죽을 것이요, 뜯어보지 않으면 한 사람이 죽을 것이다.'라고 쓰여 있었다.

소지왕은 '뜯어보면 두 사람이 죽는다고 한다. 한 사람이 죽는 게 낫지 아니한가. 뜯지 말라.'고 했다. 신하가 반대했다. '한 사람은 임금이고 두 사람은 백성입니다.'

결국 봉투를 뜯었다. 봉투 안에 '거문고 통을 쏘라!'는 글씨가 적힌 종이가 들어 있었다. 왕은 궁궐로 돌아가 활로 거문고 갑을 쏘았다. 그 안에서 간통을 하던 중과 궁녀가 화살에 맞았다. 둘은 임금을 살해할 음모를 꾸민 위인들이었다. 중과 궁녀는 사형을 당했다.

중이 궁녀와 사랑하는 사이가 되었다? 그것도 궁궐 안에서? 승려가 자유롭게 궁궐 안에 드나들 수 없으면 가능한 일이 아니다. 이 설화는 소지왕 시대에 이미 불교가 신라 궁중 내부에 상당한 영향력을 행사하고 있었다는 사실을 말해준다.

불교가 신라에 들어온 때가 언제인데 승려가 이처럼 궁궐에 영향력을 행사하고 있었을까? 《삼국사기》와 《삼국유사》가 모두 '비처왕 때 아도화상이 모례의 집으로 왔다.'라고 기록한다. 비처왕은 소지왕의 다른 이름이다. 즉 서출지 설화는, 불교가 신라에 들어온 즉시 왕실의 인정을 받았음을 증언하는 것처럼 읽힌다. 그러나 불교는 서출지 사건(488년) 40년 뒤에 공인을 받는다(528년, 23대 법흥왕 15).

서출지는 그리 큰 연못은 아니지만 아름다운 연꽃이 만발하는 멋진 풍경을 보여준다. 둘레는 수백 년 된 배롱나무들이 울창하게 자라 있어, 특히 붉게 꽃을 피울 때면 더욱 절경을 자랑한다. '경주 서출지'는 국가 사적이다.

남산동 쌍탑 ▌ 서출지에서 봉화골 쪽으로 들어가면 국가 보물인 남산동 3층쌍탑이 나온다. 9세기 작품인 '경주 남산동 동·서 삼층석탑'은 동탑과 서탑이 (마치 다보탑과 석가탑처  럼) 서로 다른 양식을 보여준다. 안내판에 따르면, 7.04m 동탑은 돌을 벽돌처럼 만들어서 쌓은 모전석탑의 면모를 보여주고, 돋을새김한 팔부신중 좌상 조각을 자랑하는 5.85m 서탑은 석가탑에 견줄 수 있을 만큼 뛰어난 균형미를 뽐낸다.

팔부신중은 불법을 수호하는 신장神將들을 가리키는데, 머리가 셋에 팔이 여덟인 아수라상, 뱀관을 쓰고 있는 마후라가상 등 모두 여덟 명이다. 그러므로 서탑에는 팔부신중이 각 면마다 둘씩 새겨져 있다. 안내판은 '팔부신중은 신라 중대 이후에 등장하는 것으로 단순한 장식이 아니라 탑을 부처님 세계인 수미산으로 나타내려는 신앙의 한 표현'이라고 해설하고 있다.

전 염불사 터 동·서 삼층석탑

전 염불사 터 쌍탑 남산동 동·서 삼층석탑에서 조금 더 골짜기를 향해 걸어가면 마을이 끝나면서 '경주 전 염불사지 동·서 삼층석탑'이 나타난다. '전'이 붙은 것은 사실 여부가 불분명하며, 그렇게 전해져 내려온다는 뜻이다. 경남 산청 '전 구형왕릉'이 대표 사례이다. 금관가야 마지막 임금 구형왕의 무덤으로 '전'해지는데 확실하지는 않다는 말이다.

8세기 초 이곳에 세워졌던 본래 쌍탑은 없어졌다. 지금 남산을 배경으로 우아하게 서 있는 두 석탑은 복원한 것이다. 그래서 '국가 유산'으로 대접받지 못하고 쓸쓸히 방치되어 있던 중 2022년 국가 보물로 지정되었다.

경주 전 염불사 터 동·서 삼층석탑

전 염불사터 동서 삼층석탑

국가유산청 누리집은 '두 탑은 복원 과정에서 일부 새로운 부재들이 사용되었으나, 전체적인 조영 기법과 양식, 석탑 기초부에 대한 발굴 조사 결과 등을 고려할 때, 8세기 전반에 건립되어 통일신라 석탑의 전형과 양식사의 흐름을 파악하는 데 귀중한 자료로 평가된다'라고 변명(?)한다.

염불암 이름은 어떤 스님에게서 유래되었다《삼국유사》. 그 스님은 하루에도 몇 번씩 시간을 정해놓고 지극정성으로 염불을 하였다. 스님이 법당에 앉아 '극락에 가고 싶습니다'라는 의미의 "나무아미타불"을 외면 서라벌 17만 호 모든 집에 다 들렸다. 이윽고 사람들은 스님을 공경해 염불사念佛師라 부르고, 나중에는 절에도 염불사念佛寺라는 이름을 붙였다.

'경주 칠불암七佛庵 마애불상군磨崖佛像群'

남산 동쪽

'경주 칠불암七佛庵 마애불상군磨崖佛像群'

경주 칠불암七佛庵 **마애불상군**磨崖佛像群 ▌염불사 터를 떠나 봉화골을 30분가량 오르면 국보國寶가 기다리고 있다. '칠불'에 '마애'라 했으니, 이름만으로도 절벽 바위崖에 일곱七 불상佛像이 무리群로 새겨져磨 있다는 사실을 헤아릴 수 있다.

우리나라 국보 분포를 살펴보면 가장 많은 광역자치단체는 166점을 보유하고 있는 서울이다. 72점을 보관 중인 국립중앙박물관을 비롯해서 삼성문화재단 등이 서울에 있으니 누구나 예상할 수 있는 1위 지역이라 하겠다.

서울 다음으로 많은 곳은 신라 본거지 경북이다. 56점으로 2위이다. 3위는 백제 본거지 충남으로 31점을 가지고 있다. 나머지는 전남 22점, 경남 17점, 경기·강원·충북 각 13점, 전북 10점, 부산 7점, 대구 4점, 광주·울산 각 2점, 인천·대전 각 1점이다. 세종과 제주에는 없다.

그렇게 보면, 기초자치단체 경주가 국보를 32점이나 보유하고 있다는 사실은 말 그대로 놀라운 일이다. 경주 국보 32점 중 하나가 남산에 있고, 그것이 바로 '경주 칠불암 마애불상군'이다. 경주 남산에 다녀왔다면서 "칠불암 마애불상군? 못 보았는데?"라고 말할 수는 없다. 그런 답사자는 "헛걸음을 하셨군요!"라는 꾸지람을 들어야 한다.

"나는 산에 못 올라간다"라는 변명도 칠불암 마애불상군 답사에는 통하지 않는다. 경주 남산에서 가장 평이한 등산로가 통일전에서 칠불암까지 가는 길이다. 산길이라 할 것도 없고, 그저 오솔길 정도에 지나지 않는다.

국보에 대한 예의를 다하기 위해 국가유산청 누리집의 공식 설명 전문을 읽어본다.

가파른 산비탈을 평지로 만들기 위해서 동쪽과 북쪽으로 높이 4m가량 되는 돌축대를 쌓아 불단을 만들고 이 위에 사방불四方佛을 모셨으며, 1.74m의 간격을 두고 뒤쪽의 병풍바위에는 삼존불三尊佛을 새겼다.

삼존불은 중앙에 여래 좌상을 두고 좌우에는 협시 보살 입상을 배치하였다. 화려한 연꽃 위에 앉아 있는 본존불은 미소가 가득 담긴 양감 있는 얼굴과 풍만하고 당당한 자세를 통해 자비로운 부처님의 힘을 드러내고 있다.

왼쪽 어깨에만 걸치고 있는 옷은 몸에 그대로 밀착되어 굴곡을 실감나게 표현하고 있다. 손은 오른손을 무릎 위에 올려 손끝이 땅을 향하게 하고 왼손은 배 부분에 대고 있는 모습이다.

좌우 협시보살은 크기가 같으며, 온몸을 부드럽게 휘감고 있는 옷을 입고 있다. 삼존불 모두 당당한 체구이며 조각 수법이 뛰어나다.

다른 바위 4면에 새긴 사방불도 화사하게 연꽃이 핀 자리에 앉아 있는 모습으로 방향에 따라 손 모양을 다르게 하고 있다. 원래 불상이 들어앉을 공간을 만들고 그 안에 모셨을 것으로 추정되며, 현재도 이곳 주변에서 당시의 구조물을 짐작케 하는 기와조각들이 발견되고 있다. 조각 기법 및 양식적 특징으로 미루어 보아 이 칠불은 통일신라시대인 8세기에 만들어진 것으로 여겨진다.

국가유산청 누리집의 공식 설명을 읽고 얻은 배경지식을 바탕으로 칠불암 마애불상군을 유심히, 정성껏 살펴본다.

과연, 높게 드리워진 절벽 가장 아랫부분에 삼존불이 조각되어 있다. 삼존불 앞을 살짝 가로막고 있는 돌출 바위에도 사방으로 불상이 새겨져 있다. 사면불이다. 합하면 모두 칠불이다. 8세기 작품으로 추정되는 칠불들은 모두 화려한 연꽃무늬 위에 두둥실 앉아 있다.

불상군 둘레 사방을 빙빙 돌며 감탄을 거듭하던 중, '공지사항' 두 가지를 적은 사찰 측 안내문과 마주친다. 제 2항은 "쓰레기를 되가져 가세요!"이지만, 제 1항이 "불상에 올라가시마세요!"이다. 세상에, 그런 인간이 요즘도 있단 말인가?

경주 남산 신선암神仙庵 마애보살반가상磨崖菩薩半跏像 ▎칠불암 마애불상군 뒤편 절벽 꼭대기에 보물 '경주 남산 신선암 마애보살반가상'이 있다. 신선암이라 한 것은 현재 암자 건물이

있어서가 아니라, 신선이 노닐 만한 이곳에 신라인들이 절집을 짓고 수도 생활을 했다는 뜻이다. 반가半跏는 한쪽 다리를 늘어뜨리고, 팔은 '생각하는 사람' 자세를 취한 불상에 붙이는 용어이다.

아, 신라인은 토함산 너머로 동해가 보이는 절경의 절벽에 반가상을 새겨놓고 도를 구했구나! 신라인의 진지하면서도 낭만적인 삶 앞에서 한없는 경외심과 실천 의욕을 느낀다.

신선암 마애보살반가상을 만나려면 칠불암의 배경을 이루는 거대 암벽 위로 올라간 뒤, 다시 절벽을 옆으로 타고 아슬아슬하게 들어가야 한다. 절벽에 새긴 불상인 까닭에 바위 위에서는 볼 수가 없다.

마애보살반가상으로 들어가는 길은 왼쪽이 암벽, 오른쪽이 아찔한 낭떠러지이다. 그 사이로 실날 같은 바윗길이 끊어질 듯 이어진다. 곧장 저 아득한 칠불암 앞마당으로 툭 떨어질 것만 같아서, 더러는 오금이 저려 들어가기를 포기하는 길이다.

절벽 위 좁은 돌길을 20여 미터 들어가면 문득 사람 서너 명이 설 만한 공간이 나온다. 이곳에 처음 온 사람은 불상이 어디 있는지도 아직 모르지만, 식은땀을 흘리며 이곳까지 들어온 답사자는 일단 안도의 한숨을 내쉰다. 그리고는 몸을 돌려 오른쪽부터 바라본다. 오른쪽이 절벽이니 그쪽부터 눈길이 가는 것은 공포 본능을 가진 사람으로서 당연한 행동이다.

아, 이게 무슨 조화인가! 마애보살반가상이 아니라, 이토록 가슴 시원한 풍경을 바라보려고 아찔한 절벽 위를 걸어왔단 말인가! 깎아지른 절벽 아래로 낭산이 깔려 있고, 그 너머로 토함산이 한눈에 다 들어오더니, 다시 그 너머로 동해 푸른 물결이 출렁이는 듯한 절경이 이어진다.

남산에서 바라보는 최고의 경치이다. 그뿐이 아니다. 가까스로 정신을 수습하여 눈앞 왼쪽 벼랑을 바라보면, 거기 마애불이 있다. 8세기 후반 작품으로 추정되는 국가 보물 신선암 마애보살반가상이다.

보살상은 발 아래 훨훨 나는 듯한 구름 그림을 거느리고 있다. 실제로 이곳은 구름이 발 아래로 흐르는 위치이니, 석공이 구름 그림을 불상 아래에 아롱아롱 새겨 넣은 것은 진경산수眞景山水라 해도 무리는 아니리라. 아마도 신라 석공은 이곳을 구름을 타고 노닐 만한 신선 세계로 여겼던 듯하다.

보살상은 보관寶冠을 쓰고 구슬을 지녔으며 손에도 꽃가지를 들고 있다. 화려의 극치이다. 부처상은 장식 없는 간결미가 핵심인데, 이곳 신선암 조각은 눈이 부시도록 아름답다. 부처상이 아니라 보살상인 것이다.

너무나 아름다운 보살상에 취해, 나그네는 두려움을 잊고 마치 구름을 탄 듯한 기분에 사로잡힌다. 그 탓인가, 조금 전까지만 해도 슬금슬금 기다시피 불교 조각과 동해 방면 경치를 구경하던 사람이 갑자기 마애반가상 사진 한 장을 최고로 잘 찍어보려고 슬금슬금 낭떠러지 쪽으로 다가간다. ▌

신선암 마애보살반가상

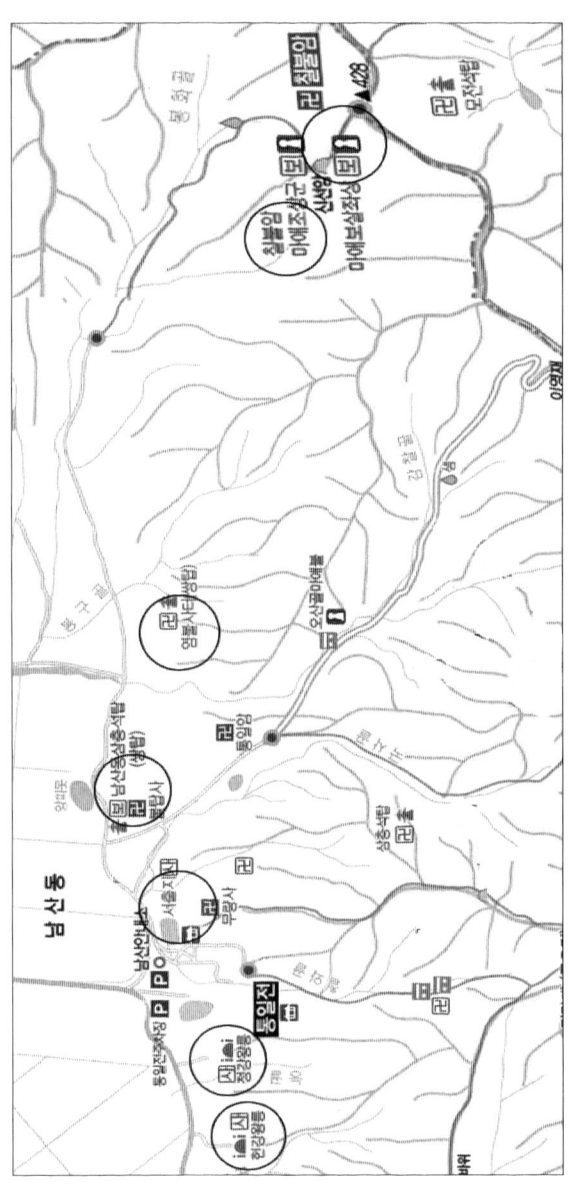

김시습이 《금오신화》를 쓴 남산 남쪽
― 용장사터, 설잠교, 지곡 삼층석탑

상서장 - 경주(이하 생략) 남산 불곡 마애여래좌상(속칭: 부처골 감실석불, 할매부처) - 남산 탑곡 마애불상군(탑골 부처바위) - 남산 미륵곡 석조여래좌상(보리사 석불좌상) - 보리사 마애석불 - 헌강왕릉 - 정강왕릉 - 서출지 - 남산동 동서 삼층석탑(남산동 쌍탑) - 전 염불사 터 동서 삼층석탑(염불사 쌍탑) - 남산 칠불암 마애불상군(칠불암) - 남산 신선암 마애보살반가상(신선암) - 남산 용장계 지곡 제3사지 삼층석탑 - 설잠교 - 남산 용장사곡 삼층석탑(용장사 삼층석탑) - 남산 용장사곡 석조여래좌상(삼륜대좌불) - 남산 용장사지 마애여래좌상(용장사 마애불) - 삼릉 계곡 - 삼릉, 경애왕릉 - 배동 석조여래 삼존입상 (배리 삼존석불) - 지마왕릉 - 포석정 - 창림사 터 삼층석탑 - 남간사 터 당간지주 - 일성왕릉 - 양산재 - 나정 * 남산의 주요 문화유산을 하루 종일 걸으면서 두루 답사할 수 있는 여정을 소개했습니다.

칠불암과 신선암 마애불상을 본 다음 어디로 갈 것인가? 주차를 통일전 쪽에 해두었다면 그리로 내려갈 수밖에 없다. '무자식 상팔자'라는 속담도 있지만, 산에 오를 때는 자가용 없는 답사자가 가장 상쾌하다. 마음 내키는 발길 내디디면 말 그대로 '자유인'의 즐거움을 만끽할 수 있다. 앞면에 예시한 식의 도보길을 만들어 '상서장 출발, 나정 도착'을 실행하면 주요 문화유산을 두루 답사하면서 여유만만하게 남산 한 바퀴를 걷고 또 걸을 수 있다.

다만 지금 그럴 수는 없고, 용장사 터를 찾아가야 한다. 신선암 마애불상을 등지고 왼쪽으로 남산 일주 등산로('봉화 대능선')를 500m가량 걸으면 '직진 고위봉, 오른쪽 용장마을' 갈림길이 나타난다. 이곳 이름은 백운재이다. 당연히 오른쪽으로는 내리막길이 이어진다.

용장마을로 가는 길이지만, 1300m쯤 내려가 삼거리에서 왼쪽을 선택해 500m가량 가면 용장사 터로 올라가는 설잠교가 나타난다. 김시습 유적이다. 잔뜩 기대를 품고 즐겁게 걷는데, 금세 탑 하나가 나타난다. 고려시대 것으로 여겨졌고, 문화재로 지정도 못 받은 채 버려진 듯 존재했었는데 2017년 무려 보물이 되었다. '전 염불사 터 동·서 삼층석탑'이 비지정 국가유산으로 있다가 2022년 보물로 벼락 승격된 것과 유사한 사례이다. 탑 공식 이름은 '경주 남산 용장계茸長溪 지곡池谷 제3사지 삼층석탑'으로, 용장계는 용장 계곡, 지곡은 연못이 있는 골짜기라는 뜻이다. 국가유산청 해설을 읽어본다.

경주 남산 용장계 지곡 제3사지 삼층석탑은 무너져 있던 것을 2000년~2001년까지 2차례에 걸친 발굴조사를 선행한 후, 석탑 부재를 모아 2002년에 복원하였는데 노반석 아래의 부재는 남아있는 원 부재를 사용하였다.

남산 용장계 지곡 제3사지에 관한 문헌기록이 없어 용장계 지곡 삼층석탑이 언제 건립되었는지 확인할 만한 근거는 아직 밝혀지지 않고 있으나 탑지 주변에서 '용茸'자명을 비롯한 9점의 명문와가 출토되어 용장사茸長寺와의 연관성이 짐작된다.

용장사지(탑상곡 제1사지)에는 삼층석탑과 마애불좌상, 석불좌상이 전해오며, 그 일대에 여러 사찰이 있었던 것으로 보인다. 또한 지곡 제3사지에서 출토된 와당을 비롯한 여러 유물들을 통해서 이곳의 사찰이 통일신라 9세기 후반에 세워진 것으로 보이며, 석탑지에서 주변에서 출토된 분청사기편과 백자편 등은 고려시대를 거쳐 조선시대까지 사찰이 이어져 왔음을 말해준다.

이 탑은 전탑형 석탑으로 8개의 커다란 방형 석재를 기단으로 구축하고 옥개석이 하나의 석재로 이루어졌으며 별다른 장엄장식이 전혀 나타나지 않은 점에 있어서 전형적인 통일신라석탑과 다른 점을 보인다.

그 세부를 살펴보면, 7매의 석재로 이루어진 지대석 위에 8매의 기단석이 상·하 2단으로 나뉘어져 각각 4매씩 올려져 있다. 상층 기단석 위에는 3단의 탑신 받침이 있는데, 하단 모서리가 깨진 상태이며, 이 탑신받침 위에 1매의 석재로 된 1층 탑신석이 올려 있고 그 위에 올려진 옥개석 전각의 네 모서리에는 풍탁이 달려있던 구멍이 뚫려 있다.

2층 탑신석 역시 1매의 돌로 이루어졌으며, 3층 탑신은 2층 옥개석 낙수받침의 상단과 3층 옥개석의 하단이 맞닿아서 이어진 부분으로 구성되어 있다.

한국의 전탑은 안동을 중심으로 나타나지만 이 탑과 유사한 벽돌형식 석탑은 경주 지역에 집중하고 있어서 지역적 맥락을 이룬다. 즉 경주 서악동 삼층석탑(보물)과 경주 남산동 동 삼층석탑(보물) 등과 함께 경주지역, 특히 남산 주변에서 조형된 장소적인 특징도 나타나고 있어 한국석탑에서 '전탑형 석탑'이라는 하나의 계보를 이룬다.

이 탑은 모전탑 계열의 형식으로 현재 보물로 지정된 서악동 석탑과 남산동 동 삼층석탑을 통해 제작 시기의 추정이 가능하고, 일부 파손되었으나 상륜부가 남아 있고, 원위치를 유지하고 있으며, 전체적인 외관이 양호한 편이므로 국가지정유산(보물)으로 가치가 있다.

탑 이름에 지곡池谷이 들어 있는 데서 짐작되듯이, 곧장 연못이 나타난다. 사람들은 이 산 속 연못에 '산정 호수'라는 대단한 이름을 선사했다. 남산 남녘 35번 도로의 용장마을까지 가려면 아직도 2.8km나 더 내려가야 하는 고지대에 이렇듯 상당한 규모의 연못이 턱 버티고 있으니, 어쩌면 그 정도 예우는 해주어도 무방할 법하다. 시원한 물가에서 얼굴을 한번 씻고 다시 아래로 길을 떠난다.

용장사 터 답사는 설잠교에서 출발해 올라가야

설잠교

보통은 칠불암과 금오봉을 잇는 봉화 대능선을 걷던 중 삼화령 연화좌대 지나 100m쯤에서 왼쪽으로 내려가 용장사 터를 찾는다. 그러나 그 길이 아니라 산정 호수 곁을 지나는 여정을 선택한 데에는 보물로 승격된 삼층석탑을 보아야 한다는 점도 배려했지만, 그보다 더 중요한 다른 두 가지 이유가 있다. 첫째, 우리나라 최초의 한문소설을 창작한 김시습이 용장골에 놓았다는 설잠교를 건너기 위해서이다.

설잠雪쏙은 말년에 승려 생활을 할 때 김시습이 쓴 법명으로, '눈 덮인 산봉우리'라는 뜻이다. 물론 지금 남아 있는 설잠교가 당시 것은 아니다. 김시습(1435~1493)이 놓은 나무다리가 지금껏 존재할 수는 없다. 다만 새로 놓인 구름다리일지라도 꼭 한번 건너보려는 '답사자의 마음'이 중요하다.

다른 하나는, '세계에서 가장 높은 탑' 전모를 한눈에 바라보기 위해서이다. '세계에서 가장 높은 탑'이라는 표현은 설잠교에서 용장사 터로 오르는, 용장골과 탑상골 갈림길에 있는 안내판 것이다, 안내판은 용장사 터 삼층석탑을 '아득한 구름 위 하늘나라 부처님 세계에 우뚝 솟은, 세계에서 가장 높은 탑'이라고 말한다.

재미있는 수사법이다. '경주 남산 용장사곡 삼층석탑'은 높이가 4.5m 정도에 불과하다. 하지만 설잠교에서 쳐다보면 산 전체를 기단으로 삼아 세워진 듯 느껴진다. 숲으로 우거진 산덩어리 전체가 그대로 탑신을 이루고 있다. 남산 전체를 기단으로 삼아 해발 400m 지점에 자리를 잡았으니 용장사 터 삼층석탑은 높이가 분명 444.5m이다. 세계 최고 탑이 틀림없다.

더욱 중요한 것은, 세계에서 가장 높은 탑이라는 자화자찬이 단순히 '재미있는 표현'에 그치지 않는다는 점이다. 실제로 용장사터 탑을 보면 탑 아래 기단이 없다. 1층이 바로 땅에 닿아 있다. 거대한 바위 위에 곧장 1층을 얹었다. 처음부터 신라인들은 남산 전체를 기단으로 삼았던 것이다. 참으로 놀라운 감각이다!

산 전체를 기단으로 삼아 세워진 듯한 용장사 터 삼층석탑

세계에서 가장 높은 탑, 용장사 터 삼층석탑

설잠교를 건너고 끙끙거리며 오르막을 올라, 때로는 밧줄을 부여잡고 진땀을 흘려가며 용장사 터에 닿으면, 과연 이 탑이 444.5m 위용을 자랑한다는 사실을 다시 한번 확인할 수 있다. 탑은 진정 남산 최대 골짜기인 용장골 전체를 터로 잡고 아찔한 꼭대기에 서 있다. 언제나 용장골은 쏟아지는 햇살 또는 산안개로 가득 채워져 있어, 걸으면 3km 발품은 팔아야 닿는 골짜기 건너편 고위봉을 지적으로 보여준다.

이곳에서 김시습은 〈금오신화〉를 썼다. 수양대군에 붙어 영의정 따위 고위직을 차지하고서 위세 높게 살아가는 정인지, 신숙주, 정창손 등을 만나면 노골적으로 비웃고 멸시했던 김시습, 31세부터 37세까지 용장사에 기거했다. 그가 남긴 시 〈용장사에 머물며 居茸長寺經室有懷〉를 읽어본다.

茸長山洞窈 不見有人來
細雨移溪竹 斜風護野梅
小窓眠共鹿 枯椅坐同灰
不覺茅簷畔 庭花落又開

용장골 깊으니 오가는 이 볼 수 없네
보슬비는 냇가 대나무를 찾아가고

비낀 바람은 들매화를 흔드네
작은 창가에서 사슴과 함께 잠자고
마른 의자에 앉으니 내 몸이 재 같구나
깨어날 줄을 모르네, 억새 처마 밑에서
뜰에 꽃들은 지고 또 피는데

자연의 거대한 암석을 기단으로 삼아 세워진 용장사 터 삼층석탑

김시습이 〈금오신화〉를 창작한 용장사 터에 서서 그가 수양대군의 최대 공신 한명회를 비웃은 시를 떠올려본다. 늙어 은퇴하면서 한명회가,

青春扶社稷 젊어서는 사직을 붙잡고

白首臥江湖 늙어서는 강호에 묻힌다.

라고 노래하자, 김시습은 다음처럼 바꿔 세상 사람들을 웃겼다.

靑春亡社稷 젊어서는 나라를 망치고
白首汚江湖 늙어서는 세상을 더럽힌다.

용장사 터 마애불

국가 보물인 용장사 터 삼층석탑은 신라 하대 작품으로 추정된다. 김시습이 용장사를 떠나고, 언젠가는 탑도 무너졌는데, 1922년 흩어진 탑돌들을 모아 재건했다. 그러나 우리가 흔히 1층, 2층… 이라 부르는 탑신부는 남아 있지만 그 위의 상륜부는 모두 없어져 버렸다.

용장골은 남산에서 가장 넓고 깊은 골짜기이다. 용장사는 용장골 최대 사찰이었다. 그런 용장사가, 비록 무너져 자취를 잃었다 해서 탑 하나만 달랑 남겼을 리는 없다. 탑에서 10m가량 아래에 있는 '경주 남산 용장사곡 석조여래좌상(속칭 '용장사 삼륜대좌불')'과 '경주 남산 용장사지 마애여래좌상(속칭 '용장사 마애불')'이 바로 그들이다.

국가 보물인 용장사 마애불은 삼층석탑 하층 기단을 이루고 있는 거대 자연 암석에 새겨져 있다. 멀리 고위봉을 응시하며 은근한 미소를 머금고 있는 이 불상은 8세기 후반 작품이다. 입술을 얼마나 꼭 다물었는지 양쪽 볼이 쏙 들어갔다. 그만큼 사실적 작풍의 불상으로, 부처님 무릎 아래를 장식하고 있는 연꽃무늬까지도 너무나 세밀하여 환상적 아름다움을 보여준다.

머리가 없는
용장사 터
삼륜대좌불

한번 보면 잊을 수 없는 삼륜대좌불

그런데 마애불 앞에 그보다 더 놀라운 불상이 있다. 웬만하면, 실물은 비록 눈에 담지 못했더라도 사진만은 어디선가 보았을 '경주 남산 용장사곡 석조여래좌상', 속칭 용장사 삼륜대좌불이다. 국가 보물로, 높이는 4.56m.

삼륜대좌불三輪臺座佛은 이름 그대로 둥글둥글한 바퀴輪 같은 돌 셋三을 3층탑처럼 포개어 받침자리臺座로 삼고 있다. 2m가 조금 넘는 대좌 위에 1.4m 높이 불상이 앉아 있다.

삼륜대좌불은 실물도 물론이지만 사진 또한 한 번 보고 나면 결코 잊히지 않는다. 사람의 뇌리와 감성을 지배하는 특이한 모습 때문이다. 게다가 머리까지 달아나고 없다. 이처럼 독특한 불상은 누구에게나 처음이다. 그래서 보는 이의 마음에 더욱 강렬한 충격을 떠안긴다.

하대석부터 시작하여 총 4.56m 높이를 모두 올려다보아도 목 위로 머리가 없으니, 어찌 불교도가 아니더라도 가슴 깊이 울려오는 애잔한 느낌에 젖지 않을 수 있겠는가! 연꽃무늬도 분명하고, 옷자락도 깔끔하여 보존 상태가 좋은 불상 중 하나로 손꼽히는 작품인데, 누군가가 목을 날려버렸다!

날씨가 맑은 날 이곳에 오르면, 삼륜대좌불의 없어진 머리 위로는 하늘이 푸르게 흘러간다. 예로부터 푸른색은 어쩐지 슬픔을 나타내는 빛으로 여겨졌고, '푸른 슬픔' 같은 사비유死比喻도 흔히 쓰였다.

하지만 지금껏, 어째서 고대 이래로 줄곧 사람들이 푸른빛과 슬픔을 그토록 연결시키는지 제대로 이해하지 못했다. 그랬는데… 오늘 이곳 용장사 터에 올라 목이 없어진 불상 너머로 푸른 하늘이 가득 찬 정경을 보는 순간, 몸서리치게 다가오는 깨달음을 맛본다. '아, 이래서 슬픔은 푸른 빛이로다.'

경주박물관 마당에 줄 맞춰 세워져 있는 무수한 '머리 없는 불상'들을 본 기억이 새롭다. 모두 분황사 우물 속에서 건져 올린 석불들이라면서, 참혹한 불상들 앞에 박물관은 '불상의 머리는 왜 없어졌을까?'라는 안내판을 세워두었다.

　　1965년 경주 분황사를 발굴 조사할 때, 절 안 우물 속에서 통일신라시대 때 만든 석불들이 나왔습니다. 한결같이 머리가 잘려진 것들이었습니다. 불상의 머리는 왜 없어진 것일까요?
　　그 원인으로 지진과 같은 자연 재해를 들 수 있습니다. 지진이 나면 받침대 위에 있던 불상이 굴러 떨어지는데, 가장 약한 부분인 목이 부러지기 쉽습니다. 또 몽고군의 침입, 왜란, 호란 같은 전란에 의해 피해를 입기도 합니다.
　　유교를 국가 이념으로 삼았던 조선 시대에는 일부러 불상을 훼손한 적도 있습니다. 조선왕조실록에는 간혹 땀을 흘리는 불상에 관한 기록이 보입니다. 이러한 일이 나면 유생儒生들은 세상을 현혹시키는 것으로 간주하여 불상을 파괴하였습니다. 목불은 태워버렸고, 석불이나 금동불은 우물, 저수지, 바다에 던져버렸다고 합니다. 만약 그렇지 못하면, 머리를 잘라 관청에 신고하기도 했습니다.

분황사 우물 속에서는 머리가 없는 불상의 몸체에 비해 적은 수의 머리가 발견되었습니다. 이 머리 없는 불상들은 머리가 잘리는 것만으로도 모자라 깊은 우물 속에 버려지는 수난을 겪었습니다.

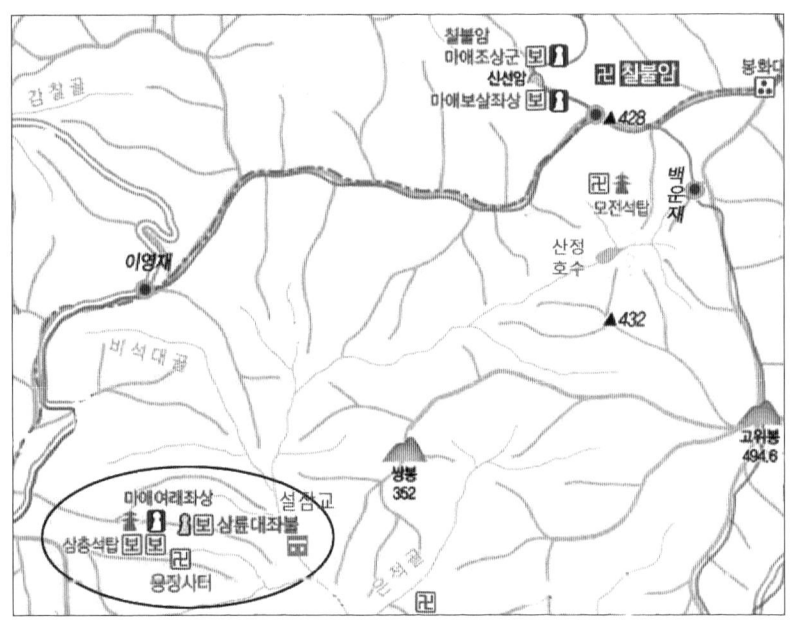

서출지〉 칠불암(국보)〉 (용장계 지곡 삼층석탑〉 산정 호수〉 설잠교)〉 용장사 터〉 (삼릉골)〉 포석정〉 나정' 순서가 최고 여정입니다.

설잠교 전후에서 용장사 터 삼층석탑이 남산 전체를 기반으로 세워져 있는 장관을 거듭 거듭 아득히 쳐다본 후, 삼륜대좌불과 마애불, 그리고 석탑을 살피는 이 여정은 35번 도로 용장마을에서 출발할 수도 있다. 다만 사람들이 가장 많이 걷는 삼릉골을 거쳐 와서는 참맛을 깨우칠 수 없다. 원경을 먼저 보고 그 후 근경에 다가서는 것이 답사의 옳은 여정이다.

포석정이나 서출지에서 금오봉으로 올라온 경우에도 마찬가지이다. 용장사 터 삼층석탑을 높은 곳에서 내려오며 보아서는 남산 전체를 기단으로 삼은 용장사의 참모습을 가슴에 담을 수 없다. 신라인들의 위대한 설계를 생생하게 보려면 삼층석탑과 삼륜대좌불이 있는 용장사 터가 아니라 설잠교 쪽에서 올라가는 여정이 옳다. 절터부터 구경하면 그 뒤 설잠교로 내려가서 새삼 탑 쪽을 쳐다보아야 한다. 근경을 보고 나서 원경을 살피는 모양새가 되니 틀렸다는 말이다.

삼화령 연화 대좌

앞에서, '〈서출지〉〉 칠불암〈국보〉〉 〈용장계 지곡 삼층석탑〉 산정 호수〉 설잠교〉〉 용장사 터〉 〈삼릉골〉〉 포석정〉 나정' 순서를 최고 여정으로 제시했다. 굵은 글씨체는 경주 남산 4대 필수 답사지를 뜻하는데, 이 여정에 따라 걸으면 '왔다 갔다' 또는 '내려갔다 올라갔다' 하는 힘과 시간 소모 없이 주요 문화유산을 두루 답사할 수 있다. 그리고 용장사 삼층석탑이 남산 전체를 기반으로 세워졌다는 사실도 실감나게 느껴볼 수 있다.

그 여정에는 다만 한 가지, 금오봉에서 칠불암 쪽으로 (봉화대능선을) 600m쯤 가다가 삼거리에서 오른쪽으로 내려가 800m 가량 오가며 용장사 터를 둘러본 뒤 되올라 와서 다시 칠불암으로 가는 경우 만나게 되는 삼화령 연화대좌를 볼 수 없다는 안타까움이 있다. 물론 용장사 터에서 삼거리로 올라와 바로 왼쪽으로 접어들어 금오봉을 향하지 않고 100m쯤 오른쪽으로 가서 삼화령 연화대좌를 보고 되돌아오면 간단히 해결되는 문제이기는 하지만(11쪽 지도 참조)…. 아무튼 '왔다 갔다' 또는 '내려갔다 올라갔다'식 소모를 하지 않겠다는 대원칙에 조금 반하는 여정인 것만은 분명하다.

삼화령 연화대좌 그 자체는 지정 국가유산이 아니므로 답사에서 빼놓을 수도 있다. 하지만 대좌에 서려 있는 대단한 설화를 감안하면 그렇게 홀대해서 될 일이 아니라는 생각이 드는 것 또한 당연하다. 설화는 《삼국유사》에 나온다.

신라 35대 임금 경덕왕이 재위 마지막 해(765년) 붕어 3개월 전인 삼월 삼짇날, 충담 대사와 만난다. 경덕왕이 충담에게 어디를 다녀오는 길인가 묻는다.

충담은 "해마다 3월 3일과 9월 9일에 차를 다려 남산 삼화령 미륵세존께 드려 왔는데, 오늘도 그 일을 하고 오는 길입니다."라고 대답한다. 유명 향가 〈찬기파랑가〉 작자인 충담에게 경덕왕은 "나라를 다스리는 데 도움이 될 시를 한 편 지어 주시오."라고 부탁한다. 그렇게 하여 충담사가 지은 향가가 〈안민가〉이다.

〈안민가〉는 대략 "임금은 아버지요/ 신하는 사랑하실 어머니요/ 백성은 어린아이라 하실지면/ 백성이 (임금의) 사랑을 알리이다/ 구물거리며 살아가는 백성/ 이들을 먹여 다스려/ 이 땅을 버리고 어디 가겠는가 할지면/ 나라 안이 유지될 줄 알지어다/ 아, 임금답게 신하답게 백성답게 할지면/ 나라가 태평하리이다" 정도의 뜻을 가진 유교적 노래이다.

삼화령 애기부처

충담이 말한 그 불상이 모셔져 있던 곳으로 추정되는 곳이 바로 삼화령 연화대좌이고, 충담이 말한 그 미륵세존으로 추정되는 불상이 '경주 남산 장창곡長倉谷 석조石造미륵여래삼존상彌勒如來三尊像'이다. 세상사람들이 흔히 '삼화령 애기부처'라고 부르는 이 불상은 경주박물관에 모셔져 있고, 현장에는 연꽃무늬 형태의 자리 표식만 남아 있다.

국가유산청의 '경주 남산 장창곡 석조미륵여래삼존상' 공식 해설은 "아래"와 같다.

"삼국 시대 미륵신앙과 신앙행위를 보여주는 상징적인 작품으로 널리 알려져 왔다. 의좌상倚坐像(의자에 앉은 자세)을 취한 본존 미륵불과 입상의 좌·우 협시보살 총 3구로 구성되었다.
우리나라 의좌상 불상 중 시기가 가장 오래된 작품으로, 원만하고 자비로운 얼굴에 오른손은 손가락을 구부린 채 들고 있고 왼손은 주먹을 쥔 시무외施無畏·여원인與願印의 변형 수인手印을 하고 있다. 두 협시보살은 1m 남짓의 아담한 체구에 머리에는 삼화三花 보관을 쓰고 각각 지물持物을 들고 있는 서 있다. 뺨이 통통한 아기와 같이 입가에 잔잔한 미소 짓고 있으며, 장식과 몸에 걸친 천의天衣 자락 등이 섬세하게 표현되었다."

경주박물관에 가야 볼 수 있는 이 불상을 남산의 것이라고 소개할 수는 없다. 박물관의 것이다. 박물관을 찾았을 때 자세히 들여다보고, 또 감상할 일이다.
다만 연화대좌는 현장에 남아 있으므로 찾아가 성심껏 살펴보고, 아득히 먼 곳까지 바라보이는 전망이 몹시 시원하다 하니 그 정경도 만끽할 일이다. 시심詩心이 살아 있는 분은 시도 한 편 지어보면 더할 나위 없이 좋으리라.

'삼화령 연화대좌에 앉아' 경주 남산의 주요 문화유산들을 '왔다 갔다' 또는 '내려갔다 올라갔다' 하는 시간과 힘 소모 없이 효율적으로 답사할 수 있는 순서에 대해 다시 한번 생각하고 정리해본다. 앞에 한번 제안했지만, 삼화령 연화대좌를 포함하고 중요도를 감안해서 재차 결론을 내어보면 아래와 같다.

> 경주 남산 일주 여정
> 상서장 - *경주(이하 생략) 남산 불곡 마애여래좌상(속칭: 부처골 감실석불, 할매부처) - *남산 탑곡 마애불상군(탑골 부처바위) - *남산 미륵곡 석조여래좌상(보리사 석불좌상) - 보리사 마애석불 - 헌강왕릉 - 정강왕릉 - *서출지 - 남산동 동서 삼층석탑(남산동 쌍탑) - 전 염불사 터 동서 삼층석탑(염불사 쌍탑) - **남산 칠불암 마애불상군(칠불암) - *남산 신선암 마애보살반가상(신선암) - 남산 용장계 지곡 제3사지 삼층석탑 - 설잠교(에서 가파른 오르막을 올라) - **용장사 터 남산 용장사곡 삼층석탑, 남산 용장사곡 석조여래좌상(삼륜대좌불), 남산 용장사지 마애여래좌상 - 삼화령 연화대좌(에 갔다가 되돌아서) - 삼릉 계곡 - 삼릉, 경애왕릉 - 배동 석조여래 삼존입상(배리 삼존석불) - 지마왕릉 - **포석정 - 창림사 터 삼층석탑 - 남간사 터 당간지주 - 일성왕릉 - 양산재 - **나정
> (**가장 중요, *중요)

삼화령 연화대좌

용장서 터에서 바라본 삼화령 연화대좌

지금까지 경주 남산을 서쪽, 북서쪽, 북동쪽, 동쪽, 남쪽 식으로 나누어서 세밀히 답사하였습니다. 다음 쪽부터는 《삼국사기》를 중심으로 해서 시기별로 남산 관련 역사를 다시 한번 살펴보겠습니다.

나정(박혁거세 출현지)

> ## 시조始祖 박혁거세
> B.C. 57~A.D. 5 (재위 기간 61년)

○ (삼국사기) (기원전 57년) 박혁거세가 즉위했다.

- (저자 해설) 《삼국사기》는 고구려의 주몽이 박혁거세보다 20년 뒤인 기원전 37년에, 백제의 온조가 39년 뒤인 기원전 18년에 각각 왕위에 올랐다고 기록한다. 그러나 고구려, 백제, 신라 순으로 건국되었다고 보는 것이 학계의 정설이다. 김부식이 신라를 가장 앞에 놓은 것은 신라 왕실의 후손인 그가 고려의 중심에 신라를 놓으려고 했기 때문이다.

○ 재위 4년(기원전 54) 4월 초하루, 일식이 있었다.

- 《삼국사기》에는 일식, 혜성, 지진, 홍수, 가뭄 등에 관한 기사가 많다. 이렇게 자연 변화와 관련된 기사가 《삼국사기》에 많이 실려 있는 까닭은 무엇일까?

소로 농사를 짓는 우경牛耕이 6세기 초인 지증왕 대에 이르러서야 본격적으로 실시되었다는 데서 그 까닭을 가늠해볼 수 있다. 한 해 농사의 성패가 해, 비, 바람 등 자연의 조건에 따라 좌우되었으므로 농경사회가 시작되는 신석기 시대 이래 사람들은 기후 변화에 큰 관심을 가질 수밖에 없었다. 그래서 일식, 혜성, 지진, 홍수, 가뭄 등 자연의 움직임에 대한 기사가 《삼국사기》에 많이 등장하게 된 것이다.

○ 8년(기원전 50), 왜군이 변경을 침범하려다가 시조(박혁거세)에게 하늘에서 내려준 덕이 있다는 말을 듣고는 물러갔다.

- 혁거세왕 30년(기원전 28) 기사의 내용도 이와 비슷하다. 30년 기사는 '낙랑의 군대가 침범하려다가 국경 부근 (서라벌) 사람들이 밤에도 문을 잠그지 않고, 노적가리가 들판에 가득하게 쌓여 있는 것을 보고 "이곳 사람들은 도둑질을 하지 않으니 도道가 있는 나라라고 하겠다. 우리가 이런 사람들을 몰래 기습해서 공격하는 것은 도적질을 하는 것과 같다. 이는 부끄러운 일이다" 하며 철군하여 물러갔다'라고 쓰여 있다.

8년 기사는 두 가지를 알게 해 준다. 하나는, 쳐들어왔던 왜구들이 자진 철수할 만큼 박혁거세 시절의 신라가 어느 정도 강성한 방위력을 갖추고 있었다는 사실이다. 기사는 혁거세왕에게 하늘이 내려준 덕이 있다는 말을 듣고 왜구들이 물러났다고 기록하고 있지만 그렇게 '착한' 왜구들이 있을 리는 만무할 터, 적들도 스스로 물러나는 명분을 찾았을 터이다. 그 명분이 바로 서라벌 왕에게 하늘이 내려준 덕이 있다는 것이고, 그렇게 내세움으로써 물러가는 자신들에게도 도덕이 있다는 논리를 내세운 것이다. 다른 하나는, 박혁거세 시절인 기원전부터 왜구들이 한반도에 출몰했다는 사실이다.

그런데 기사는 '일인'이 아니라 '왜인'이라 하고 있다. '임진왜란'처럼, 남의 나라에 쳐들어온 자들이기 때문에 낮춰서 그렇게 표현한 것일까? 아니면, 혁거세왕 당시 일본을 부른 호칭 자체가 '왜'였을까? 《삼국사기》는 문무왕 10년(670)에 이르러 '왜국이

나라 이름을 해 돋는 곳과 가까이 있다는 뜻에서 일본으로 고쳤다'라고 기록했다. 즉 그 이전까지는 '일본'이라는 나라가 없었다. 그러므로 혁거세왕 시대의 일을 기록하면서 '일인'이 쳐들어 왔다고 말할 수는 없는 것이다.

○ (기원전 37년인 혁거세왕 21년) 서울(경주시 배동 산6-2 창림사 터)에 성을 쌓고 금성이라 불렀다.
- (저자 해설) 51쪽 참조

○ 38년(기원전 20) 2월 호공을 보내 마한을 예방하였다. 마한왕이 호공을 꾸짖었다.
"진한과 변한은 우리나라의 속국인데, 근년에는 공물을 보내오지 않았소. 대국을 섬기는 예절이 어찌 이 모양이오?"
호공이 대답하였다.
"우리나라는 두 분 성인이 출현하면서 사회가 안정되고 자연현상이 편안해져 창고에 곡식이 가득 차고, 백성들은 예절을 알게 되었습니다. 진한의 유민부터 변한, 낙랑, 왜인에 이르기까지 우리를 두려워하고 심복하지 않는 자가 없습니다. 그럼에도 불구하고 우리 임금은 겸손하여 저를 보내어 귀국을 예방하게 했습니다. 이는 지나친 예절이라 할 것입니다. 그런데도 대왕께서 크게 화를 내면서 무력으로 위협하시니, 어인 까닭이십니까?"
왕이 분노하여 호공을 죽이려 했는데, 측근들이 말리자 마침내 그의 귀국을 허락하였다.

- 마한은 백제, 진한은 신라, 변한은 가야가 번성하게 되는 영역이다. 기사는 마한이 삼한 중 가장 강력했다는 사실을 말해준다. 당시는 중국이 세계 최고의 선진국이었으므로 지리적으로 인접해 있는 고구려가 가장 먼저 선진 문물과 문화를 받아들이면서 건국과 번영을 이루었고, 이어서 백제가 발전했다. 지역적으로 산맥을 넘어야 할 뿐만 아니라 먼 곳에 위치한 신라가 가장 늦을 수밖에 없었다. 그러므로 부여, 고구려, 백제, 신라, 가야, 동예, 옥저 등이 세워지는 원(原)삼국 시대보다도 이전인 고조선, 진(마한, 진한, 변한) 시대에 삼한 중 마한이 가장 강성했을 것은 충분히 추정할 수 있는 일이다.

기사로 미루어 볼 때, 혁거세왕에 이르러 진한(신라)은 마한에 버금갈 만큼 강성해졌다. 공물을 바치지 않았다는 내용이 그 증거이다. 또 박혁거세와 알영 '두 분의 성현이 출현하면서 사회가 안정되었다'는 내용은, 앞의 17년 기사에서 말한 것처럼, 당시 사람들이 알영을 혁거세왕과 대등하게 섬겼다는 사실을 말해준다.

○ 39년(기원전 19), 마한왕이 붕어하였다. 누군가가 왕에게 말했다.

"마한왕이 전에 우리 사신(호공)을 모욕했습니다. 이제 그 왕이 죽었으니 좋은 기회입니다. 이때 공격하면 충분히 (마한을) 평정할 수 있을 것입니다."

왕이 말했다.

"다른 사람의 어려움에 처한 것을 우리의 기회로 여기는 것은 어질지 못한 행위이다."

왕은 그 말을 듣지 않고, 곧 사신을 보내 조문하였다.

─ 이 기사는 8년(기원전 50)과 30년(기원전 28) 기사가 이미 언급한 바 있는 혁거세왕의 '덕德'과 '도道'를 재차 증명해주는 사례이다. 혁거세왕은 "다른 사람의 재난을 우리의 행복으로 여기는 것은 어질지 못한 행동"이라고 말한다. 이런 인식은 그 자체가 곧 덕이자 도이고, 나아가 인을 실천하는 바탕이 된다. 세 기사에서 덕, 도, 인은 대략 동의어同義語로 사용되고 있다.

이 기사는 유교儒敎의 가치관이 언제 우리나라로 들어왔는지에 대해 생각하게 만든다. 《삼국사기》 열전 중 강수强首 기사에 '《신라고기新羅古記》에 "문장은 강수, 제문, 수진, 양도, 풍훈, 골번"이라는 말이 있는데, 제문 이하의 사람은 그 사실이 없어졌으므로 전기를 지을 수 없다'는 대목이 있다. 전기를 지을 수 없다는 것은 김부식이 그렇다는 말이므로, 이 대목은 김부식이 《신라고기》 등의 고서를 참조하여 《삼국사기》를 저술했다는 사실을 말해준다. 따라서 덕, 도, 인과 같은 어휘가 고서에 이미 등장했을 개연성이 높고, 김부식이 그것을 옮겨서 기록했다면 유교는 삼국 시대, 또는 그 이전에 우리나라로 유입되어 왔다고 할 만하다. (공자는 기원전 551~479년, 맹자는 기원전 371~289년에 살았던 것으로 추정된다. 이들은 제자백가들이 활동했던 춘추전국 시대(기원전 770~221년)의 유학 사상가들이었다.)

유학 사상을 담은 한문 문장은 언제 우리나라에 들어왔을까?

사람의 생각과 감정을 나타내는 대표적인 수단은 말과 글이고, 특히 문장이 사상을 체계적으로 전파한다는 점에서 이는 궁금증을 느낄 만한 사안이다. 우리나라에는 기원전 2세기에 중국에서 넘어온 위만이 조선을 통치했고, 기원전 108년에 고조선이 멸망하면서 한사군漢四郡이 생겼다. 따라서 유학 사상을 담은 한문 문장은 그 무렵에 우리나라로 들어왔을 가능성이 높고, 고구려의 광개토대왕과 장수왕의 재위 시기가 374~491년인 점과 신라 지증왕~문무왕 재위 기간이 500~681년이라는 점을 감안할 때 적어도 6~7세기에는 삼국의 상류층에서 한문이 본격적으로 사용된 것으로 보아도 좋을 듯하다.

이는 고구려가 327년(소수림왕 2) 상류층 자제를 교육하는 중앙 관학官學 기관인 태학太學을 설립했고, 사학私學인 경당扃堂이 나라 초기부터 존재했다는 데서 분명하게 확인된다. 《당서唐書》는 특히 '(고구려에는) 서적을 사랑하는 풍속이 있어서俗愛書籍 가난해서 천한 일에 종사하는 집에서까지 각기 네거리에 큰 집을 지어놓고至於衡門厮養之家 各於街衢造大屋 경당이라 한다謂之扃堂. 결혼하지 않은 자제들이 경당에 모여 경전을 암송하고 사격술을 습득한다子弟未婚者曹處 誦經習射.'라고 증언한다. 무예 연습習射만 한 것이 아니라 '경經'을 암송했다는 것이다. '경'은 유학 서적들을 가리킨다.

○ 53년(기원전 5), 동옥저 사신이 '우리 임금이 남한에 성인이 났다는 말을 듣고 좋은 말 20필을 바칩니다.' 하였다.

― 기사의 '남한南韓'은 박혁거세의 서라벌을 가리킨다. 나라 이름으로 '신라'를 쓰기 시작한 것은 503년(지증왕 4)부터이다. 당시 마한, 진한, 변한을 아울러 "한" 또는 "삼한"이라 불렀는데, 이 대목에서는 북쪽에 있는 조선朝鮮과 대비하여 남쪽에 있다는 뜻에서 '남'한韓이라는 용어를 쓴 듯하다. 남한은 서라벌처럼 신라의 옛 이름은 아니다. 이 기사에도 신라에 '성인이 났다'는 표현이 등장하고 있다. 그래서 동옥저에서 '좋은' 말 20필을 선물로 보내온다. 동옥저는 옥저로, 고구려의 동쪽에 위치하고 있다고 해서 그렇게 부르기도 했다. '남한'과 마찬가지의 표현법인 셈이다.

옥저가 말을 보낸 것은 산업화 이전까지 줄곧 말이 아주 귀한 물건이었기 때문이다. 그래서 《삼국사기》는 내물왕 13년(368) 기사에 '백제가 사신을 보내 좋은 말 두 필을 바쳤다.', 눌지왕 18년(434) 기사에 '백제왕이 좋은 말 두 필을 보내왔다.'라고 기록하고 있다. 뿐만 아니라, 경문왕 9년(869) 기사에는 중국에 보낸 물품 목록을 장황하게 작성하면서 '말 2필'을 가장 앞에 기록하고 있다. 그만큼 말은 값이 높은 물건이었던 것이다. 혁거세가 이 세상에 출현할 때도 알에서 태어났는데, 그 알을 가져온 존재 역시 말이었다.

박혁거세가 천강天降한 나정蘿井 사적, 경주시 탑동 700-1

○ (삼국사기) 고허촌장村長 소벌공이 양산 기슭을 바라보니 나정 숲속에서 말이 울고 있었다. 소벌공이 즉시 갔지만 말은 이미 자취를 감추었고, 큰 알만 남아 있었다. 알에서 어린아이가 나왔다. 6부 사람들은 아이의 출생을 신이하게 여겨 높이 받들다가 임금으로 삼았다.

진한 사람들은 호瓠를 "박"이라고 불렀다. (혁거세가 나온) 큰 알이 박처럼 생겼으므로 성을 '박'으로 정했다. 이름은 혁거세, 왕호는 거서간, 나라 이름은 서라벌이라 했다.

- (저자 해설) 58쪽 참조

> 6부 촌장들을 제사 지내는 **양산재**楊山齋
> 경주시 탑동 700-1 나정 바로 동쪽 뒤

○ (삼국사기) (혁거세 출현) 이전에 조선 유민들이 산골에 흩어져 여섯 마을을 이루고 살았다. 이것이 진한 6부가 되었다.

○ 17년(기원전 41), 왕이 6부를 순행하며 위무할 때 왕비 알영도 수행했다. (왕과 왕비는) 백성들에게 농사와 양잠을 권하고, 농토를 충분히 활용하도록 했다.

- (저자 해설) 혁거세가 왕위에 오르기 이전에 경주 지역에는 여섯 마을이 자리를 잡고 있었다. 하지만 아직 국가 체제를 갖추지는 못하였으므로 그 여섯 마을의 지도자는 '촌장'이라 불렀다. 이 기사는 혁거세왕이 여섯 마을을 왕의 지도 아래에 있는 '부'로 편입시켰고, 순행을 하여 충성심을 북돋우는 한편 위무도

했다는 사실을 말해준다.

이 기사는 이때 이미 누에를 쳤다는 사실도 말해준다. 양잠은 농사 중에서도 여성들이 많이 맡는 영역인 탓에 알영 왕비가 직접 나서서 권하고 독려했다. 즉, 왕비가 국가 운영에 일정 부분 간여하였다. 뒷날 여성 임금인 선덕여왕, 진덕여왕, 진성여왕이 출현하는 데서도 짐작할 수 있지만, 신라는 그만큼 여성들에게도 권력이 열려 있는 사회였다. 그래서 혁거세왕 5년(기원전 53) 기사에 '당시 사람들이 (박혁거세와 알영을) 두 사람의 성인[二聖]이라 불렀다', 38년(기원전 20) 기사에 마한에 사신으로 간 호공이 그 왕에게 '우리나라에 두 분의 성인이 출현하면서 사회가 안정되었다'라고 말했다는 소개가 나온다. (63쪽 참조)

> 경주이씨의 조상이 처음 자리잡은 소금강산의 **표암瓢巖**
> 경상북도 기념물, 경주시 동천동 507-7

○ (삼국사기) 혁거세가 (기원전 57년) 왕위에 올랐다. 이 때 열세 살이었고, 나라 이름은 서라벌이었다. 이보다 앞서 (고)조선 유민들이 산골에 흩어져 여섯 마을을 이루고 살고 있었다. 알천의 양산촌, 돌산의 고허촌, 취산의 진지촌, 무산의 대수촌, 금산의 가리촌, 명활산의 고야촌이 진한 6부였다.

- (저자 해설) 탈해왕릉 왼편에 경주이씨 재실이 자리를 잡고 있다. 그런데 재실 건물을 바라보노라면 한옥 뒤로 기이한 형태와 빛깔을 뽐내면서 산자락에 걸려 있는 거대 암석에 저절로

눈길이 간다. 거대 기암괴석 위에는 정려각도 보인다. 그리로 가는 나무 계단도 층층으로 놓여 있다.

계단은 '경상북도 기념물'인 표암으로 사람을 인도한다. 경주이씨의 조상인 알평공이 하늘에서 내려온 곳이다. 표암 맨 꼭대기에 있는 유허비와 비각 앞에 서면 경주 시내가 시원하게 내려다보인다. 알평공이 이곳을 골라 하강한 까닭을 알 만하다.

표암(일부)

경주이씨 시조 탄강지

단군신화에도 '인간 세상을 탐내는 아들 환웅의 뜻을 알고 아버지 환인이 태백산을 내려다보니 사람들을 널리 이롭게 할 만했다'라는 대목이 나온다.

탈해도 토함산에 올라 가장 살 만한 곳을 살핀 끝에 호공의 집을 빼앗았다. 비류와 온조도 삼각산에 올라 어디에 터전을 잡을 것인지 논의했다. 모름지기 전경이 확실하게 확인되는 곳에서 내려다보아야 최적의 주거지를 찾을 수 있는 법, 알평공도 그래서 이곳 표암에 내려온 것이다.[1]

---

1) 제 3대 임금 유리왕은 재위 24년(33) 6부에 성姓을 하사한다(양산부에 이씨, 고허부에 최씨, 대수부에 손씨, 간진부(진지부)에 정씨, 가리부에 배씨, 명활부(고야부)에 설씨). 그만큼 왕권이 강화되

우현서루∥경주이씨 조상 알평공의 후손에 금남錦南 이동진李東珍이 있습니다. 자수성가한 이동진은 밭 80두락과 논 150두락을 가난한 친인척들에게 나눠주고, 논 400두락을 요즘의 사단법인 형태로 기부해 거기서 얻은 소출로 빈민들의 장례, 혼인, 병치료 비용 등을 해결해 주었습니다. 그때부터 사람들은 이동진 집안을 "이장가李庄家"라 불렀습니다.

이동진은 1904~5년 아들 소남小男 이일우李一雨와 함께 민족교육 및 계몽기관 우현서루를 세웠습니다. 우리나라 최초 사립 도서관으로 평가받는2) 우현서루는 1911년 일제에 의해 강제로 폐쇄되었습니다. 민족시인 이상화가 이일우의 조카입니다.

1901년생 이상화는 1900년생 현진건과 유년 시절부터 절친하게 지낸 죽마고우로, 1943년 4월 25일 같은 날 세상을 떠났습니다. 이장가문화관·상화기념관과 현진건玄鎭健학교는 매년 4월 25일 두 분을 기리는 합동 추념식을 열어왔습니다.

었다는 뜻이다. 6부 성씨에 '김'과 '박'이 들어있지 않다. 박씨는 혁거세왕의 성씨이므로 놀랄 일은 아니지만, 김씨가 없는 것은 충격적이다. 《삼국사기》는 전한다. 김씨의 시조 알지가 세상에 처음 출현한 때는 탈해왕 9년(65)이며, 그 장소는 계림鷄林이었다고.

2) 조용완, 〈우리나라 근대 도서관 우현서루에 관한 고찰〉, 《한국문헌정보학회지》 제57집(2023).

그리고 현진건학교가 매달 1~2권 펴내는 《빼앗긴 고향》에 장편소설 〈우현서루(정만진 작)〉를 연재해 왔습니다. 이번 28호에는 지난 27호에 전반부를 게재했던 '수성못 주막'의 중반부를 싣습니다.

지난 이야기▮평양 방직공장 여공인 16세 소녀가 어느 날 압록강을 건넌다. 다니던 야학 남자 선생님 세 분이 독립 운동을 하기 위해 만주로 망명하자, 그 뒤를 따른 것이다.

소녀는 세 야학 선생님 중 한 분을 남몰래 사모하고 있었다. 소녀는 압록강 아래 부모가 살고 있는 마을 옆을 지나면서도 앞만 보고 중국으로 갔다. 너무나 유순하다 하여 '순둥이'라 불렸지만, 그녀는 결코 순둥이가 아니었다.

만주 독립군 본부를 찾아가 '그 선생님'을 만난 순둥은 어린 나이였지만 항일 전사가 되었다. 하루는 박작성 아래에서 세 선생님, 그리고 여자 독립군 한 명과 함께 숙박을 했다. 새벽녘 인적 없을 때를 틈타 국내로 폭탄을 반입하는 것이 임무였다.

야밤에 일본군 수십 명의 기습 공격을 받았다. 눈이 쌓여가는 성곽 아래 좁은 길을 달려 압록강으로 나란히 뛰어들었다. 일본군들은 강물 속으로 총을 마구 난사했다. 살얼음이 낀 차디찬 물은 방패막이가 되어주지 못했다.

강을 건넌 순둥은 눈 쌓인 수풀에 몸을 숨기고 고개도 들지 못하는 채 한참 동안 가만히 있었다. 무차별 사격을 해대던 일본군들이 이윽고 물러갔다. 조심스레 고개를 들어 강 건너편 박작성 아래를 샅샅이 확인한 순둥은 사방을 뛰어다니면서 눈더미를 뒤졌다.

아무도 없었다. 다 물속에서 죽었다.

혼자만 살았다.

사방천지 허옇게 쌓인 누구덩이에 목숨이 붙어 앉아 있는 사람은 혼자뿐이었다. 순둥을 이곳까지 오게 만든 그 선생님도, 다른 두 분 야학 선생님도, 의열단원 현계옥 이야기를 해주겠다던 여자 독립군도, 모두 죽어버렸다.

어떻게 나 혼자만 살았어? 어떻게, 어떻게 나 혼자만 살은 거야? 어떻게, 어떻게…?

살얼음 낀 차디찬 압록강 물속을 헤엄쳐 방금 건너왔으면서도, 온몸은 물론 겉에 두르고 있는 옷까지 모두가 꽁꽁 얼어붙은 상태인데도 그녀는 추운 줄 몰랐다. 오히려 기이하게도 오장육부가 활활 타오르는 느낌이었다. 막연한, 그러면서도 참을 수 없는 의아함이 불기둥처럼 몸속을 휘저으면서 마구 난동을 쳐댔다.

어떻게? 어떻게 나 혼자만 살아남을 수 있어? 어떻게 나만 살아서 이렇게 숨을 쉴 수가 있어? 선생님도 죽고, 다른 두 분 선생님도 죽고, 나보다 열 살 많은 여자 독립군도 죽었는데, 아무 것도 아닌 나만 어떻게 지금처럼 살 수가 있어?

열여섯 순둥은 견딜 수 없었다. 어째서 이런 일이 생겨났는지, 누구에게 물으면 속시원한 대답을 들을 수 있을지, 마음속이 부글부글 끓어올라 타죽을 것만 같았다.

갈 곳이라고는 독립군 본부뿐이었다. 아니, 그곳이 있다는 사실이 너무나 위안이 되었다. 거기 가면 어른들이 가르쳐 줄 것이다. 어째서 나만 살아남았는지? 어떻게 이런 일이 있을 수 있는지? 혼자 살아남은 이 지경을 내가 어떻게 해야 하는지? 어른들이 말해줄 거야.

압록강을 되 건넜다. 그 선생님과 다른 두 분 선생님, 그리고 여자 독립군을 발해로 싣고 내려간 강물은 여전히 시퍼렇게 살아 있었다. 지척 두 글자가 한자 '咫尺'으로 시뻘겋게 새겨져 있는 바위 이정표를 붙들고 한참 동안 정신없이 울었다.

어젯밤만 해도 모두들 살아 계셨고, 나에게 밥을 먹으라 했고, 옷가지도 챙겨주었고, 재미난 이야기도 해주었던 사람들이다. 그런데 불과 몇 시간 사이에 모두 다 죽었다. 나 혼자만 살아남았다. 나 혼자 살아서 이 시뻘건 글자를 다시 보게 될 줄이야 어찌 짐작이라도 했겠는가.

독립군 본부는 박작성에서 결코 지척이 아니다. 아니, 지척은커녕 나흘 밤낮을 걸어야 닿을 수 있는 먼 곳에 있다. 쾌청한 날씨였는데도 올 때 나흘 걸렸으니 돌아가는 길에는 시간이 더 걸릴 것이다. 눈이 길 위에 짚단처럼 쌓였다.

발이 시리더니 언젠가부터는 아무렇지도 않다. 얼음장 같은 물속에서 떠내려가는 선생님들은 얼마나 추울까?

흡사 죽은 사람의 그것처럼 뻣뻣한 다리로 간신히 몸을 끌어 눈을 헤치며 앞으로 천천히 나아갔다. 선생님들은 지금쯤 강물을 헤치고 바닷물을 헤치고 어디로 가고 있을까?

문득문득 그런 생각이 드는 중에, 그래도 독립군 본부라는, 갈 곳이 있으니 다행이다 싶은 마음도 일어났다. 거기만 가면 내 속에서 활활 타오르고 있는 이 뜨거운 불덩어리의 정체를 알 수 있을 게야. 어째서 나 혼자만 살아남았나? 어떻게 이런 일이 일어날 수 있나? 어째서, 어째서?

가고 싶은 곳이 있으니 얼마나 다행인가
만나고 싶은 사람이 있으니 얼마나 안심인가
마음속에 활활 타오르는 꿈이 있으니 얼마나 따스한가[3]

순둥은 줄곧 걸었다. 평양을 떠나 만주로 올 때보다 거

---

3) '순둥'은 한강 소설 〈작별하지 않는다〉의 16세 소녀 독립군을 10년 정도 앞당겨 형상화한 인물입니다. 《한강 소설 이해》를 펴낼 때 독자들의 한강 소설 이해를 돕기 위한 한 방편으로 순둥을 주인공으로 한 〈수싱못 주모〉를 실었는데, 분량상 전문을 수록하지 못해 이번 호에 이어서 그 중반부를 게재합니다. 각주가 붙은 3행의 문장도 한강 작가의 "시적 문체"를 모방한 것입니다.

리도 까마득히 멀고, 가을철이던 당시와는 견줄 수 없을 만큼 냉랭한 날씨였지만, 그래도 그녀는 춥지도 힘들지도 않았다. 눈구덩이에 발이 푹푹 빠지고, 굴러서 온몸이 논두렁 밭두렁으로 대동댕이쳐지는 일도 한두 번이 아니었지만, 정신이 마비된 것인지 몸의 감각이 죽어버린 것인지 앞으로 계속 나아갈 수는 있었다.

나흘을 걸어 독립군 본부에 도착하니 이번에는 어른들이 그녀를 얼싸안고 눈물을 흘렸다.

아이고, 네가 살아 있었구나!

하눌님도 무심하지는 않으시구나! 이토록 어린 것을 어찌 지켜주시지 않으시겠는가!

하지만 발가락 넷을 잘라내어야 했다. 동상에 걸려 발가락 넷이 죽어 있었다. 수술을 마치고 다리가 퉁퉁 부어오르자, 그제야 온몸이 정상이 아니라는 것이 느껴졌다. 그래도 없어진 발가락 네 개가 아깝지도 원통하지도 않았다. 어떻게 나만 살아 남았을까? 어째서 나만? 어째서 나 혼자만? 혼자만?

40대 여자 독립군이 밤에 그녀를 부둥켜안고 누워 잠을 재우면서 자신이 겪은 이야기를 해주었다.

"벌써 9년이 되었구나. '대한민국 2년(1920년)'[4]에 경신참

---

4) 우리나라에서 양력이 사용된 것은 1896년부터이다. 음력 1895년 11월 17일을 1896년 양력 1월 1일로 삼았다. 그렇지만 "1896년 1월 1일"이라 부르지는 않고 "조선 개국 485년

변이라는 사건이 벌어졌는데, 우리 독립군에게 압록강과 두만강에서 대패를 당한 일본군이 그 보복으로 만주 일대에 거주하는 우리나라 일반 민간인을 무차별로 몇 만 명이나 살해했어. 내가 살던 마을에도 일본군 수백 명이 몰려왔어. 기관총, 소총, 칼…

남자들부터 닥치는 대로 죽였어. 아이와 노인들도 예외가 아니었어. 젊은 여자들은 강간을 하고 나서 죽였어. 동구 밖 들판에서 일하던 마을 청장년들이 총에 맞고 칼에 찔려 살해되는 것을 보고 우리 여자들은 어린 아이를 안고 우물 속으로 뛰어들었지. 거기가 가장 안전하다고 생각했던 게야.

그렇지만 그곳도 안전하지 못했어. 일본군은 우물 안으로 총을 막 난사했어. 젊은 어머니들은 제 아이를 품에 끌어안고 몸을 우물 아래로 숙였어. 어차피 죽을 몸이니 아이라도 살리

1월 1일"이라 했다. 양력 사용으로 바꾸기는 했지만 연호(해의 이름)는 서양식인 1896년을 받아들이지 않고 우리식으로 "조선개국 몇 년"을 써서 민족주체의식을 강조했던 것이다. 그러다가 임시정부에서는 1919년을 기준으로 "대한민국 몇 년" 식으로 썼다.

"서기 몇 년"식의 서양 연호는 1945년 미군정 때 처음 사용되어 3년 동안 썼다. 그러다가 1948년부터 "단기"를 썼다. 1948년 8월 1일을 "단기 4281년 8월 15일"이라 불렀다. 그것을 1962년 박정희 정권이 "서기"로 바꾸었다. 그때부터 대한민국은 세계에서 자기 나라 연호를 쓰지 않는 낯 나라가 되어버렸다. "단기 몇 년"이라 부르거나 임시정부 때처럼 "대한민국 몇 년"이라 하면 바람직할 텐데 민족주체의식이 소멸되는 좋지 못한 결과를 낳고 말았다.

려는 마음들이었지. 나도 여섯 살 된 아들이 하나 있었는데 그 아이를 온몸으로 감싸고 엎드렸어. 아무렇게나 총을 쏴대던 일본군이 물러갔는데… 어떻게 된 일인지 내가 살아 있는 거야. 옆에 있던 엄마가 먼저 총에 맞으면서 나를 덮었던 모양이야.

아이는? 내 아이는? 피투성이 시체들과 피범벅이 된 우물 물 속에서 몸부림을 치며 아이를 찾았어. 그런데… 아이가 갈기갈기 찢어진 채 숨이 끊어져 있는 거야…

어떻게, 어떻게… 어떻게 이런 일이 있을 수 있어?

어떻게 아이는 죽고 나만 살 수 있어?

어떻게, 어떻게…?

옷을 벗었어. 부서진 아이를 싸서 밖으로 나오려고…

일본놈들이 사라지고 난 뒤 나는 아이를 감싸안고 우물가로 올라왔어. 마을 안에서 목숨이 붙어 있는 사람은 나 혼자뿐이었어. 나 혼자… 나 혼자…

남편과 아이를 나란히 뒷산에 묻고, 죽어버릴까 생각했어.

아니야… 아니야… 원수를 갚아야지. 아무렴! 원수를 갚아야지. 하눌님이 나를 살려놓으신 건 원수를 갚으라는 뜻이신 게야."[5]

---

5) 한강 〈작별하지 않는다〉 20쪽 : 모르는 여자들과 함께, 그녀들의 아이들과 손을 나눠 잡고 서로 도우며 우물 안쪽 벽을 타고 내려갔다. 아래쪽은 안전한 줄 알았는데, 예고없이 수십 발의 총탄이 우물 입구에서 쏟아져 내렸다. 여자들이 아이들을 힘껏 안아 품속에 숨겼다. 바짝 마른 줄 알았던 우물 바

표암

　두 달쯤 지난 어느날 오후, 6년 옥살이를 마치고 석방된 중년 신사가 독립군 본부에 도착했다. 의열단 활동 중 대한민국 5년(1923년) 3월 30일 피체되어 대한민국 10년(1929년) 1월 29일까지 대구형무소에 갇혀 지냈다. 김시현 지사였다.
　사람들과 얼싸안고 회포를 나눈 김시현 지사가 40대 여자 독립군과 말을 주고받더니,
　"발가락을 넷이나 잃고 … 어린 여자아이가 어떻게 이곳까지 와서 이 지경이 되었단 말인고 …?"
하고는, 순둥에게 다정하게 말했다.
　"글을 쓸 줄 안다고 들었다. 부모님께 편지를 한 장 써라. 너의 필체를 보면 알아보시겠지?"
　"예 …"
　'방직공장에서 알게 된 어떤 신사분이 대구에 소작 농사를 지을 수 있도록 해주겠다 하셨습니다. 이 편지를 들고 가신 여자 선생님이 알려주는 주소로 찾아오면 됩니다. 대구에 저의 일터로 만들어준다 하셨습니다.'
　"꼭 총칼로만 항일을 하는 것은 아니란다. 총을 사고 칼을 만들고 독립군들 의식주 문제를 해결하기 위해서는 반드시 자금이 필요한데, 그 비용을 대는 애국지사가 국내외 어딘가에 많이 계신다는 생각을 해본 적은 없느냐? 이곳은 걷기도 불편한 네가 계속 머물 곳이 못 된다. 앞으로는 부

닥에서 고무를 녹인 듯 끈끈한 풀물이 차올랐다. 우리들의 피와 비명을 삼키기 위해.

모님을 모시고 살아가도록 해라. 이곳 사람들에게 들으니 너는 성격과 마음씀씀이로 보아 충분히 사업가의 자질이 있다. 무슨 말인지 알겠지?"

　그렇게 해서 순둥은 우현서루를 바라보며 기차에 올랐다. 김시현 지사가 써준 소개문은 치마끈 속에 돌돌 말아서 붙여 넣었다.

　순둥의 고향집으로는 40대 여자 독립군이 출발했다. 순둥의 다리 상태가 여전히 산길 수십 리를 걸을 수 있는 수준이 못 되기 때문이었다. 대구역에서 우현서루까지는 그리 멀지도 않을뿐더러 평평한 신작로니까 천천히, 조심조심 걸으면 된다. (다음호에 계속)

못둑을 쌓아 확장공사를 마친 1927년의 수성못

> 지마왕 (112~134년, 재위 기간 22년)
> 경주시 배동 산30 지마왕릉(사적)

○ (삼국사기) 지마 이사금은 파사왕의 적자이다. 재위 23년 (134) 별세하였으며 아들은 없었다.
 - (저자 해설) 23쪽 참조

> 일성왕 (134~154년, 재위 기간 20년)
> 경주시 탑동 산23 일성왕릉(사적)

○ (삼국사기) 일성왕은 유리왕의 맏아들이다. 5년(138) 10월, 왕이 북쪽으로 순행하고, 태백산에서 직접 제사를 지냈다.
 - (저자 해설) 56쪽 참조

> 아달라왕 (154~184년, 재위 기간 30년)
> 경주시 배동 산73-1 삼릉(사적)

○ (삼국사기) 아달라 이사금이 왕위에 올랐다. 그는 키가 일곱 자로, 풍채가 훌륭하고 얼굴 모양이 기이하였다. 재위 3년(156) 계립령에 길을 개통했다. 재위 5년(158) 죽령 고갯길도 개통했다.
 - (저자 해설) 14쪽 참조

> 소지왕 (479~500년, 재위 기간 21년)
> 경주시 남산1길 17 서출지(사적)

○ (삼국사기) 소지 마립간이 왕위에 올랐다. 그는 자비왕의 맏아들이다. 재위 6년(484) 7월, 고구려가 북쪽 변경을 침범하므로, 우리 군사와 백제 군사가 모산성 아래에서 함께 공격하여 그들을 대파하였다.

○ 9년(487), 월성을 수리했다. 10년(488), 왕이 월성으로 옮겨 살았다. 22년(500), 왕이 날이군에 행차하였다. 날이군 사람 파로에게 벽화라는 딸이 있었다. 벽화는 나이 열여섯 살로, 일국의 미인이었다. 파로가 딸 벽화에게 비단옷을 입혀 가마에 태운 다음 채색비단을 덮어 왕에게 바쳤다. 왕이 음식을 진상하는 줄 알고 열어 보니 얌전한 어린 소녀가 들어 있었다. 왕은 옳지 않은 일이라고 여겨 받지 않았다. 하지만 대궐로 돌아온 이후 벽화에 대한 생각을 버릴 수 없었다. 왕은 두세 차례 평복으로 갈아입고 그 집으로 찾아가 그녀와 관계를 맺었다.

어느 날 소지왕이 고타군을 지나다가 한 노파의 집에 묵었다. 왕이 노파에게 물었다.

"백성들은 왕을 어떤 사람이라고 생각하는가?"

노파가 대답하였다.

"많은 사람들이 성인이라고 하지만 나는 그렇게 보지 않소. 왜냐하면, 왕은 날이군에 사는 여자와 관계하면서 평복을 입고 다닌다 하오. 무릇 용의 겉모습이 고기와 같이 생겼다면 어부의 손에 잡히는 법이오. 만승의 지위에 있는 왕이 신중하지 못하니 이런 사람이 성인이라면 성인 아닌 사람이 어디 있겠소?"

왕은 이 말을 듣고 뉘우쳐, 그 길로 남몰래 벽화를 궁궐로 데려와 별실에서 살게 하였다. 그녀는 아들을 하나 낳았다.

- (저자 해설) 84쪽 참조

> 황룡사 탑 견본이 새겨져 있는 **남산 탑골 부처바위**
> 보물, 경주시 배반동 산69

○ (삼국사기) 진흥왕 재위 6년(545), 《국사》를 편찬했다. 거칠부 등이 편찬을 맡았다.

○ 14년(553), 월성 동쪽에 새 궁궐을 짓기 시작했는데 그 터에 황색의 용이 나타났다. 왕은 궁궐을 절로 바꾸어 짓게 하고, 절에 황룡사라는 이름을 붙였다. (공사는 93년 동안 진행됐다. 총 면적이 2만4천 평을 넘는 '동양 최대의 사찰' 황룡사는 선덕여왕 12년인 643년에 가서야 완성되었다.) 저자 해설은 71쪽 참조.

15년(554), 관산성을 공격해온 백제 성왕을 전사시켰다. 이 싸움에서 백제는 좌평 4명과 장병 2만9,600명을 잃었다. (《삼국사기》는 '백제군은 말 한 필도 살아서 돌아가지 못했다.'고 기록한다. 당시 백제 좌평(지금의 장관) 정원이 8명이었는데 그 중 4명이 이 전쟁에서 한꺼번에 죽었다. 그만큼 백제는 관산성 싸움에서 엄청난 타격을 입었다. 이 싸움의 (신라 측) 지휘관은 김유신의 할아버지 김무력이었다.) * 신라와 백제가 힘을 합쳐 고구려에 대항하자는, 433년부터 이어져 온 나제동맹이 553년 끝남, 555년 진흥왕 북한산 순수비 건립

　23년(562), 이사부를 보내 대가야를 멸망시켰다. 선봉장은 사다함이었다. 왕은 1등공신 사다함에게 좋은 밭과 포로 200명을 상으로 주었다. 세 번이나 사양하던 사다함은 받은 군사들에게 나눠주고 포로들은 풀어 주어 양민이 되게 했다.

　35년(574), 황룡사의 장륙상(5m 이상 되는 대규모의 부처 등신상) 주조를 마쳤다. (《삼국사기》는 '이듬해 봄과 여름에 가뭄이 들자 황룡사 장륙상이 눈물을 흘렸는데 발꿈치까지 내려왔다.'고 전한다.)

　37년(576), 처음으로 원화源花 제도를 두었다. 원화는 화랑의 초기 형태로 두 명의 여성 지도자가 무리를 이끌었다.

최영

선덕여왕과 현진건 1

선덕여왕이

긴 옷자락을 앞으로 살짝 걷어 올리며 몸을 낮추고

모전석탑으로 들어가 등불을 켜는 거 같다.

새어 나오는 불빛을 향해 마을에서 개가 컹컹 짖고

진평왕과 마야부인이 속절없이 그리워

돌문들을 열어두니

차가운 바람이 등뼈를 깎는 소리에 깊어지는 시름

백제와 고구려의 연합 공격으로 당나라와의 외교 라인도 위태롭고

성을 사십 개나 빼앗긴 절망에 흐느적거리는 등불

선덕여왕이 기름을 더 붙고

둘러보는 모전석탑 안은 어둠이 깊은 신라의 가을 밤이다

삼국 통일은 아득하다

정말 아득하다

불심을 높여 백성의 내적 힘을 기르고
동해 바다를 살피는 군사들의 긴장감도 높이려는 걸까
속울음 울며
은 바늘에 실을 꿰어
길게 뽑아
가위로 자르고 매듭을 묶는 거 같다

*모전석탑 안에는 선덕여왕이 쓰던 은 바늘, 바늘통, 가위, 각종 옥류, 숭녕통보, 상평오수가 있다

선덕여왕을 모델로 만든 석굴암 원형 **불골 할매부처**
보물, 경주시 인왕동 산56

○ (삼국사기) 선덕여왕 11년(642), 당 나라에 사신을 보내 말했다.

"고구려와 백제가 자꾸 침공하여 수십 개의 성이 공격을 당했습니다. 오는 9월에는 두 나라 군사가 연합하여 우리나라를 반드시 빼앗겠다면서 크게 군사를 일으키려 합니다. 그렇게 되면 우리나라는 사직을 유지할 수 없을 것입니다. 삼가 대국에 우리의 운명을 맡기고자 합니다. 조금의 군대라도 파견하시어 구원해주기를 바랍니다."

황제가 사신에게 말했다.

"너희가 두 나라의 침략을 받고 있다니 진실로 애통하다. 짐이 자주 사신을 보내어 너희들 세 나라에게 화친하라고 독촉한 것도 그 때문이었다. 그런데도 고구려와 백제는 짐이 보낸 사신이 발길을 돌리는 즉시 약속을 어기고 있다. 이는 그 둘이 너희 나라를 빼앗아 나누어 갖자고 뜻을 모은 것이다. 신라는 사직을 보전할 수 있는 무슨 특별한 대책을 가지고 있는가?"

사신이 말했다.

"우리 임금께서는 상황은 급하지만 대책이 없는 까닭에 대국에 의지하여 나라의 보전을 바라고 있습니다."

황제가 말했다.

"내가 변방의 군사를 조금 내어 거란·말갈과 함께 요동을 치면, 너희 나라에 대한 포위는 저절로 풀릴 것이다. 그러면 1년 동안은 포위 상태가 없어질 것이다. 그러나 그 후에 우리가 군사를 계속하여 보내지 않을 것이라는 사실을 알면 저들은 오히려 침략을 더 많이 할 것이다. 그렇게 되면 네 나라가 모두 시끄러워지고 너희 신라도 편하지 못하게 된다. 이것이 첫째 계책이다.

내가 너희 나라에 중국의 붉은 옷과 붉은 기를 수천 벌 줄 테니, 고구려와 백제 군사들이 올 때 잔뜩 벌려 세워 놓아라. 그러면 저들은 이를 우리나라 군대로 여기고 모두 도망칠 것이다. 이것이 두 번째 계책이다.

백제는 중국과 사이에 바다가 요새 노릇을 해준다는 것만 믿고 병기도 수리하지 않은 채 남녀가 난잡하게 뒤섞여 놀고 있다. 내가 수백 척의 배에 무장한 군사를 싣고 가만히 바다를 건너가 바로 백제를 습격할 것이다. 너희 신라는 여자를 임금으로 삼았기 때문에 이웃 나라들이 경멸하고 있고, 주인을 잃은 채 도적이 들끓어 편안한 날이 없다. 내가 친척 한 명을 보내어 너희 나라의 임금을 삼겠노라. 다만 그가 혼자 임금 노릇을 할 수는 없으니 군사를 파견해서 한동안 보호하다가 너희 나라가 안정되면, 스스로 나라를 지키도록 해주겠다. 이것이 세 번째 계책이다.

어느 계책을 따르겠는지 그대는 말해보라."

사신은 다만 "예." 할 뿐 확실한 대답을 하지 못했다. 황제는 신라 사신이 용렬하여 군사를 요청하고 급한 상황을 호소할 만한 인재가 못 된다고 개탄하였다.

　○ 14년(644), 황룡사 탑을 세웠다. 이찬 비담을 상대등으로 임명하였다. 16년(646), 비담과 염종 등이 여왕이 정치를 잘못한다는 구실을 내세워 반역을 일으켰으나 성공하지 못했다. 8월, 왕이 붕어하였다. 시호를 선덕이라 하고, 낭산에 장사지냈다.

　- (저자 해설) 68쪽 참조

50대 헌강왕 (875~886년, 재위 기간 11년)

○ (삼국사기) 헌강왕이 왕위에 올랐다. 경문왕의 맏아들이다. 성품이 명민하였으며 글 읽기를 좋아하였는데, 눈으로 한 번 보면 입으로 모두 외웠다.

3년(877) 정월, 고려 태조대왕이 송악군에서 태어났다.

5년(879) 3월, 왕이 동쪽의 주군을 순행하였는데, 어디서 왔는지 알 수 없는 사람 넷이 왕의 수레 앞에 와서 노래를 부르고 춤을 추었다. 그들의 모양이 무섭고 차림새가 괴이하여, 당시 사람들이 그들을 일컬어 산과 바다에 사는 정령이라고 하였다. (《고기》에는 이 사건이 왕위에 오른 첫해에 일어난 일로 기록되어 있다.)

6년(880) 9월 9일, 왕이 좌우의 신하들과 월상루에 올라가 사방을 바라보니, 서울에 민가가 즐비하고, 노래 소리가 연이어 들렸다. 왕이 시중 민공을 돌아보면서 '내가 듣건대 지금 민간에서는 짚이 아닌 기와로 지붕을 덮고, 나무가 아닌 숯으로 밥을 짓는다 하니 과연 그러한가?'라고 물었다. 민공이 '저도 그렇다는 말을 들었습니다.'라고 대답하고, 이어서 '왕께서 즉위하신 이후로 음양이 조화를 이루고, 바람과 비가 순조로워서 해마다 풍년이 들고, 백성들은 먹을 것이 넉넉하며, 변경이 안정되고 시정이 즐거워하니, 이는 왕의 어진 덕에 의하여 이루어진 것입니다.'라고 말했다. 왕이 즐거워하며 '이는 그대들의 도움 덕분이지 나에게 무슨 덕이 있겠는가?' 하였다.

　7년(891) 3월, 왕이 임해전에서 여러 신하들에게 연회를 베풀었다. 술기운이 오르자 왕은 거문고를 타고, 신하들은 각각 가사를 지어 올리면서 마음껏 즐기다가 헤어졌다.

　○ 11년(895) 2월, 호랑이가 대궐에 들어 왔다. 3월, 최치원이 돌아왔다. 10월, 당에 사신을 보내 황소의 난을 평정한 것을 축하하였다.

　- (저자 해설) 80쪽 참조

한가운데에 제단이 차려져 있는 **처용암**(울산)

51대 **정강왕** (886~887년, 재위 기간 1년)

○ (삼국사기) 정강왕이 왕위에 올랐다. 그는 경문왕의 둘째 아들이다. 2년(887), 한주 이찬 김요가 모반하므로, 군사를 보내 그를 처형하였다. 5월, 왕이 병들자 시중 준흥에게 말했다.

"나의 병이 위급하니 다시 회복되지 못할 것이다. 뒤를 이을 자식은 없으나, 누이동생 만曼은 천성이 명민하고 체격이 남자와 같으니, 그대들이 선덕왕(선덕여왕)과 진덕왕(진덕여왕)의 옛일(여자가 왕위에 오른 일)을 본받아 그녀를 왕위에 세우라."

7월 5일, 왕이 붕어하였다. 시호를 정강이라 하고, 보리사 동남쪽에 장사지냈다.

- (저자 해설) 83쪽 참조

52대 **진성여왕** (887~897년, 재위 기간 10년)

○ (삼국사기) 진성왕이 왕위에 올랐다. 이름은 만이고, 헌강왕의 누이동생이다. 2년(888), 각간 위홍에게 명령하여 대구화상과 함께 향가를 수집하게 하여 《삼대목》을 편찬했다.

3년(889), 원종·애노 등이 사벌주를 본거지로 반란을 일으켰다. 5년(891), 북원의 도적 두목 양길이 부하 궁예와 기병 100여 명을 시켜 북원 동쪽 부락과 명주 관내 주천 등 10여 군현을 습격했다. 6년(892), 도적 견훤이 완산주를 본거지로 삼아 후백제라 자칭하였다. 무주 동남쪽의 군현이 그에게 투항하였다.

8년(894), 최치원이 시국에 관한 의견 10여 조목을 작성하여 바쳤다.

- (저자 해설) 67쪽 참조

54대 경명왕 (917~924년, 재위 기간 8년)

○ (삼국사기) 경명왕이 왕위에 올랐다. 그는 신덕왕의 태자이다. 2년(918), 궁예의 부하들이 태조(왕건)를 임금으로 추대했다. 궁예가 도주하다가 피살되었다.

- (저자 해설) 19쪽 참조

55대 경애왕 (924~927년, 재위 기간 3년)

○ (삼국사기) 경애왕은 경명왕의 동복 아우이다. 2년(925) 10월, 고울부 장군 능문이 태조에게 투항하였다. 태조가 그를 위로하고 타일러서 돌려보냈다. 왜냐하면 그 성이 신라의 서울과 가까웠기 때문이었다. 4년(927) 정월, 태조(왕건)가 직접 백제를 공격하자 왕이 군사를 출동시켜 그를 도왔다.

○ 4년(927) 11월, 서울(경주)을 습격한 견훤이 경애왕을 협박하여 자살하게 하고, 왕의 아우뻘 되는 사람으로 하여금 임시로 국사를 맡게 하였다. 이 사람이 경순왕이다. 경애왕은 왕비, 후궁, 친척들을 데리고 포석정에서 연회를 베풀며 놀고 있었다.

적병이 오는 것도 몰랐다.
 - (저자 해설) 12쪽 참조

> 경주 남산 용장사 터 김시습
> 1435년(세종 17) ~ 1493년(성종 24)

김시습金時習은 서울에서 태어났다. 5세 때 이미 시 잘 짓는 신동이라는 소문이 세종대왕에게까지 알려질 정도로 천재였다. 세종대왕이 승지를 시켜 사실 여부를 확인한 후 선물을 하사하면서 김시습에게 '오세五歲'라는 별명이 생겼다.

14세에 어머니를 잃은 김시습은 인간 삶의 무상을 느끼고 18세 때 송광사에 들어가 불교 수행을 했다. 21세이던 1455년(세조 1) 수양대군의 왕위 찬탈이 일어나자 〈자규사子規詞〉를 지어 세조를 규탄하고 단종의 죽음을 애도하였다.

子規啼子規啼 소쩍새가 운다 소쩍새가 운다
月落天空聲似訴 달이 진 하늘에 무엇인가 호소하듯
不如歸不如歸 돌아감만 못하다 돌아감만 못하다
西望峨嵋胡不度 서쪽 아미산만 바라볼 뿐 왜 넘지 못하나
懸樹苦啼呼謝豹 나무에 매달려 괴롭게 울며 두견을 찾다가
點點花枝哀血吐 꽃가지에 점점이 슬픈 피를 쏟아놓는구나
落羽蕭蕭無處歸 깃 떨어진 채 쓸쓸히 돌아갈 곳도 없고

衆鳥不尊天不顧 뭇새들도 하늘을 우러러 돌아보지 않으니
故向中宵幽咽激不平 그래서 한밤에 소리없이 토해내는구나
空使孤臣寂寞 부질없이 외로운 신하는 그저 적막할 뿐
窮山殘更數 깊은 산에서 남은 시간만 헤아리네

세조는 단종 복위를 도모한 사육신 등을 모든 신하들이 보는 앞에서 사지를 찢어 죽이고, 목을 베어 한양 공중에 내걸고, 시체를 전국 8도에 돌려 구경하게 하였다. 모두들 세조의 위세에 눌려 꼼짝도 하지 못하고 있던 그 무렵, 누군가가 사육신의 시신을 거두어 노량진에 임시로 매장하였는데, 그가 바로 김시습이었다고 전해진다. (단종 복위와 관련하여 목숨을 잃지는 않았지만 평생 벼슬을 하지 않고 묻혀 살다가 생애를 마친 김시습·원호·이맹전·조려·성담수·남효온 등을 당대인들은 사육신에 견주어 생육신이라 불렀다.)

김시습이 남긴 글 가운데 가장 유명한 저술이《금오신화金鰲新話》이다. 경주 남산 용장사 터 인근의 산봉우리 금오봉에서 책 이름을 따왔다.《金鰲新話》는 '금오金鰲산에서 쓴 새로운新 이야기話' 정도로 풀이된다.《금오신화》에는 김시습이 용장사에 머물 때 쓴 우리나라 최초의 (한문)소설 다섯 편이 실려 있는데, 각 편의 줄거리를 간략히 소개하면 다음과 같다.

〈만복사저포기萬福寺樗蒲記〉의 주인공 양생은 전라도 남원에서 혼자 살아가는 노총각이다. 남원에 실재했던 만복사의 부처님과 저포놀이를 해서 이긴 양생은 승리 기념으로 아름다운 여인과 만나게 된다. 여인은 양생을 자신의 집으로 초대하는데, 그곳은 느낌이 현실세계의 주택이 아닌 듯했다. 사흘이 지나자 여인은 양생에게 헤어질 때가 되었다면서 은그릇을 주고는 만복사 입구에 기다리면 자신과 다시 만날 수 있게 될 것이라고 말한다.

절 입구에 양생이 기다리고 있는데 여인의 부모가 온다. 임진왜란 때 죽은 딸의 그릇을 들고 서 있는 양생을 보고 부모는 크게 놀란다. 이윽고 환생한 여인이 나타나지만, 함께 절밥을 먹은 후 양생과 여인은 영영 헤어지게 된다. 양생은 아내의 부모가 물려준 재산을 그녀의 명복을 비는 데 모두 쓰고 지리산으로 들어가 약초를 캐며 산다. 그 후 양생이 어떻게 되었는지는 아무도 모른다.

〈이생규장전李生窺牆傳〉은 이생과 최랑의 이승과 저승을 오가는 연애담이다. 개성에 사는 이생은 우연히 알게 된 최랑과 사랑에 빠지지만, 부모의 반대로 두 사람은 헤어지게 된다. 시름에 잠긴 최랑이 병을 앓게 되자, 최랑의 부모가 이생의 부모를 찾아가는 노력 끝에 두 사람을 혼인시킨다.

이생이 과거시험을 보러 간 사이 홍건적이 쳐들어 와 최랑이 죽음을 맞이한다. 그러나 소설이 이렇게 허망하게 끝나서는 안 된다. 최랑이 다시 환생하여 이생과 사랑을 회복한다. 물론 두 사람은 얼마 지나지 않아 이별하게 되고, 잠시 환생했던 아내가 가르쳐준 대로 양가 부모의 시신을 찾아 장례를 무사히 마친 이생도 앓다가 삶을 마친다. 소설은 인간의 의지가 인습,

전쟁, 마침내 죽음까지도 극복해낼 수 있다는 사실을 말해준다.

〈용궁부연록龍宮赴宴錄〉의 주인공 한씨 청년은 능력이 뛰어나다고 조정에까지 이름이 알려졌지만 재능을 발휘할 기회는 얻지 못한 채 살아간다. 그러던 중 하루는 꿈에 박연朴淵의 용궁으로 초대된다. 그는 능력을 마음껏 발휘하여 용궁으로부터 큰 칭송을 받는다. 용궁에서는 그를 여러 곳으로 안내해 즐겁게 구경하도록 대접하고, 많은 선물도 안겨준다. 이윽고 한씨 청년은 꿈에서 깨어나는데, 놀랍게도 용궁에서 받은 선물들이 고스란히 현실의 방 안에 쌓여 있었다. 그 이후 한씨는 세상의 출세에 뜻을 두지 않고 산으로 들어가 자취를 감추어 버렸다.

〈남염부주지南炎浮洲志〉는 불교, 무당, 귀신 등의 존재에 대해 의심을 품고 있는 경주 사람 박생이 어느 날 주역을 읽던 중 잠결에 염라국에 들어가면서 이야기가 시작된다. 박생은 지옥의 처참한 모습을 보고 놀란다. 지옥 수문장이 나타나 그를 염라대왕 앞으로 안내해주어 후한 대접을 받게 된다. 박생은 염라대왕과 염라, 귀신, 천당, 지옥, 윤회설 등에 관해 문답을 주고받는데, 그의 명석함에 탄복한 염왕이 염라대왕 자리를 물려주겠다고 선언한다. 이때 박생이 꿈에서 깨어난다. 그 후 박생은 두어 달 지나 병으로 조용히 세상을 떠난다. 박생이 죽던 날 이웃사람의 꿈에 신인이 나타나 '박생이 장차 염라대왕이 될 것'이라고 말한다.

〈취유부벽정기醉遊浮碧亭記〉의 주인공 홍생은 송도 부호의 아들이다. 평양 친구네 잔치에 가서 놀던 중 술에 취한 채 배를 저어 부벽정에 간다. 부벽정에서 시를 읊조리고 있는데 어느덧 밤이 깊었고, 환상처럼 여인이 나타난다. 아름다운 그 여인은 죽은 지 너무나 오래 된 고조선 시대 기자의 딸이었다.

홍생은 그녀로부터 나라가 망한 사연을 듣고 울분을 토하고, 노래를 주고받으며 감회를 나누었다. 이윽고 새벽이 되자 여인은 문득 하늘로 올라가 버렸다. 그날 이후 홍생은 그 여인을 잊지 못하고 상사병을 얻었는데, 어떤 명의도 이름난 백약도 아무 소용이 없었다. 그런데 그의 시신은 몇날이 지나도 얼굴빛이 변하지 않았다. 사람들은 그가 기자의 딸을 만났기 때문에 그렇다고 하였다.

《금오신화》는 다섯 편 모두 현세의 인물이 천상계나 저승을 드나들면서 그곳의 신이나 귀신을 만난다는 점에서 흔히 전기傳奇소설로 분류된다. 편편마다 시가 적절히 삽입되어 있어 소설을 읽는 정취가 넘치고, 우리나라를 배경으로 하고 있어 전기소설이면서도 사실감을 준다. 전지적 작가 시점을 취하고 있으며, '행복한 결말'을 추구하지 않고 그릇된 세계 질서에 대한 거부에 주된 관심을 보인다는 점에서 생육신다운 주제의식을 보여주는 것으로 평가된다.[6]

---

[6] 용장사는 《금오신화》가 태어난 곳입니다. 오늘날 용장사 터를 찾으면, 비록 법당은 사라지고 없어도 불상과 탑이 남아 있어 김시습의 숨결이 살아있는 듯 느껴집니다. 용장사 터를 답사하면서 《금오신화》를 제목만 거론해서는 김시습에 대한 예의가 아닐 것 같아 다섯 편 소설의 줄거리를 소개했습니다.

낭산 답사 ▌남산 동쪽에 약간의 들판이 있고, 논밭 사이를 남천과 울산행 도로가 흘러갑니다. 남천 물가 모래밭에 박제상의 역사가 서려 있고, 남천 바로 너머에는 망덕사 터와 망덕사 당간지주가 있으며, 다시 도로 너머에 낭산이 있습니다. 낭산에는 선덕여왕릉, 사천왕사 터, 문무대왕 화장터, 중생사가 있습니다.

박제상의 아내가 목을 놓아 운 장사 벌지지

남산과 낭산 사이에 들판이 있다. 두 산 사이 들판을 남천이 흐른다. 상서장 주차장에서 오른쪽으로 내려가면 서출지 가는 도로와 만나게 되는데, 남천에 '화랑교'라는 작은 다리가 걸쳐져 있다. 화랑교를 건넌 즉시 남천 강둑을 따라 낭산 방향을 바라보며 100m남짓 들어가면 비석 하나가 방둑 위에 외로이 서 있다. '외로이'라는 표현은 현장에 가본 이라면 누구나 수긍할 것이다. 실제로 강둑에는 이 비석을 빼고는 아무것도 없다.

길게 이어지는 강둑을 이루는 천연스러운 흙들과 그 위를 덮고 있는 마른 풀 정도를 제외하면 천지사방에는 그저 바람만 일고 있을 뿐이다. 만약 이곳을 찾은 사람이 있어 그가 홀로라면 마음속 깊은 곳까지 자신과 이 비석이 형제처럼, 벗처럼 만났다는 느낌을 받을 터이다.

두 손으로 비석을 붙들고 그 몸을 들여다보면 한자로 쓰인 '長沙 伐知旨' 다섯 글자가 커다랗게 눈에 들어온다. 이게 무슨 뜻인가? '장사'라면 길 장長에 모래 사沙이니 '긴 모래밭' 정도의 뜻일 것이다. 과연 고개를 오른쪽으로 돌려 남천을 따라 길게 펼쳐진 모래사장을 보면 이곳에 '장사'라는 이름을 붙인 까닭은 금방 이해가 된다.

'장사 벌지지'에서 바라본 남산. 남천 위로 화랑교가 걸쳐져 있다.

그러나 이곳에 장사라는 이름이 붙은 것은 단지 그러한 자연적인 연유 때문만이 아니다. 삼국유사를 보면 이곳에서 박제상의 아내는 '목을 길게 늘이고 울었다'. 고구려에 가서 눌지왕의 아우 복호를 구출해온 박제상이 이번에는 왕의 다른 동생 미사흔을 구출하기 위해 '집에도 들르지 않고' 왜국으로 출발한다는 소식을 시중에서 전해들은 그의 아내는 남편의 얼굴이라도 한번 보려고 뒤를 쫓았으나 이미 지아비는 저 멀리 사라져 간 뒤였다.

죽음의 땅인 바다 너머로 떠나가는 남편을 뒤쫓다가 쓰러진 아내는 남천 이 모래밭에서 목을 길게 늘이고 울었으니 뒷날 사람들은 이곳을 '장사'라 부르게 되었다는 것이다.

그렇다면 '벌지지'란 무슨 의미인가? 박제상의 아내가 장사 모래밭에서 울다가 쓰러졌을 때 그의 친척들이 달려와 그녀를 집으로 데려 가려고 했다. 그러나 이미 혼절한 박제상의 아내 김씨는 몸이 굳어 두 다리가 '뻗치지' 못하는 지경이었으니 사람들은 그녀를 일으켜 세울 수 없었고, 억지로 부둥켜 세워도 그녀는 걷지 못했다.

온달이 죽어서 몸을 일으키지 않았다는 전설에서도 확인이 되고, 의학적으로도 인정할 수 있듯이, 사람이 정신적으로나 육체적으로 너무나 큰 충격을 받으면 몸이 경색되는 법이니, 아마 박제상의 아내도 슬픔에 겨워 전신이 나무토막처럼 굳었을 것이다. 그래서 사람들은 그녀가 다리를 뻗치지도 오므리지도 못하게 된 이곳을 한자로 표기하면서 '벌지지'로 음차하였다.

망덕사 터

'장사 벌지지' 비석 오른쪽 뒤로 언덕 위에 솔숲이 보인다. 이 솔숲 바로 뒤의 언덕이 바로 '망덕사 터'이다. 지금은 절은 볼 수 없고 그 터만 남았는데, 당간지주만은 오랜 풍상을 견디고 살아남아 지난날의 영화를 말해준다. 박제상의 아내는 이 망덕사에서 남편의 무사 금의환향을 빌었지만 끝내 그 남편은 왜국 땅에서 불에 태워져 죽는 비참한 최후를 맞이한다.

'長沙 伐知旨' 다섯 글자가 새겨진 돌비석 뒤로 멀리 낭산이 보인다. 돌비석 오른쪽 뒤에 소나무들이 자라 있는 둔덕이 망덕사 터이다.

논두렁길을 걸어 망덕사 터에 들어선다. 박제상 부인의 울음 소리가 들리는 듯한 빈 터에 서서 안내판 둘을 잇달아 읽는다.

망덕사 터(사적) 경주시 배반동 956

망덕사는 삼국사기에 의하면 신라 신문왕 5년(685) 4월에 처음 건립되었다고 한다. 삼국유사의 기록에 의하면 당나라의 외침을 막기 위하여 사천왕사四天王寺를 짓고 당唐에 대해서는 거짓으로 당황제 고종을 위한 절이라고 하였다.

이 말을 듣고 당에서 예부시랑 악붕구樂鵬龜를 신라에 보내어 사천왕사가 있는지 알아보도록 하였다. 신라 조정에서 당의 사신을 망덕사로 인도하자, 그들은 문 앞에 서서 말하기를 이것

망덕사 터 뒤로 낭산이 보이는 풍경

은 사천왕사가 아니고 망덕요산望德遙山의 절이라 하여 끝내 들어가지 않았다고 한다.

이 망덕사 터는 국립 경주박물관에 의해 1969년부터 1971년까지 3차에 걸쳐 발굴 조사되었다. 현재 절터에는 동서 13층 목탑지와 금당터, 강당터, 중문터, 회랑터, 악랑터 등이 남아 있어 전형적인 통일 신라 시대의 쌍탑 절 배치를 보이고 있다. 이 밖에 남쪽에는 계단터, 서남쪽에는 당간지주가 남아 있다.

망덕사 터 당간지주 (보물) 경주시 배반동 964

당간은 옛날 절에서 불교 의식이 있을 때 달던 당幢이라는 깃발을 달았던 깃대인데, 당간을 고정시키기 위해 양옆에 세운 돌 기둥을 당간지주라 한다.

이 당간지주는 망덕사터 서남쪽에 65㎝의 간격으로 서로 마주보고 서 있으며, 형태를 보면 안쪽면은 위로 평면을 이루고, 나머지 세 면은 아래쪽에서 위로 가면서 점차 가늘어진다.

기둥의 맨 위는 바깥쪽이 둥글고 경사지게 처리되었다. 바깥쪽 양 모서리는 중간쯤에서부터 위로 모를 죽였으나 다른 장식은 없다. 보통은 상·중·하 세 곳, 또는 상·하 두 곳에 당간을 고정시키던 구멍이 남아 있다. 그런데 이 당간지주는 맨 위쪽 끝에만 네모나게 홈을 파서 당간을 고정시키도록 되어 있다.

삼국유사의 기록에 의하면 이곳 망덕사는 신라 신문왕 5년(685)에 처음 건립되었다. 이 당간지주도 절이 처음 건립될 때의 것으로 추정된다. 따라서 통일신라시대 초기의 양식이나 조각 수법을 보여준다는 점에서 중요하다.

망덕사터 당간지주가 멀리 낭산을 배경으로 외로이 서 있다.

'신이 노니는 숲'에 마련된 선덕여왕릉
사적, 경주시 배반동 산79-2

○ (삼국사기) 선덕왕이 왕위에 올랐다. 이름은 덕만이고, 진평왕의 맏딸이다. 덕만은 성품이 너그럽고 어질고 명민하였다. 진평왕이 별세했을 때 아들이 없었으므로 사람들이 덕만을 즉위시키고 성조황고聖祖皇姑라는 칭호를 올렸다.

11년(642), 백제왕 의자가 대군을 일으켜 (신라) 서쪽 지방의 40여 성을 공격하여 빼앗아 갔다. 8월에 다시 고구려와 공모하여 당항성을 빼앗아 당나라로 가는 길을 막으려 했다. 왕이 사신을 중국으로 보내어 (당)태종에게 급한 사정을 알렸다.

이 달에 백제 장군 윤충이 군사를 거느리고 대야성을 공격하여 점령하였다. 도독 이찬 품석과 사지 죽죽·용석 등이 이 싸움에서 전사하였다.

(선덕왕은) 겨울에 백제를 공격하여 대야성의 패배를 보복하려 했다. 그리하여 이찬 김춘추를 고구려에 보내 군사 지원을 요청하였다.

애초에 대야성이 패했을 때 도독 품석의 아내가 죽었다. 그녀는 춘추의 딸이었다. 춘추는 이 소식을 듣고, 온종일 기둥에 기대서서 눈도 깜빡이지 않은 채, 사람이나 물체가 앞을 지나가도 알아보지 못했다.

그는 얼마 후에 '아이! 대장부가 어찌 백제를 이길 수 없으랴!' 하고는 곧 왕에게 나아가 '명령을 내려 주신다면 제가 고구려에 가서 군사의 파견을 요청하여 백제에 대한 원한을 갚기를 원하나이다.'라고 말했다. 왕은 이를 허락하였다.

고구려왕 고장(보장왕)은 춘추에 대한 명성을 듣고 있었다. 그는 먼저 군사의 호위를 엄하게 한 뒤에 춘추를 만났다. 춘추가 말했다.

"지금 백제가 무도해 대악당이 되어 우리 국토를 침범했습니다. 이제 우리 임금이 귀국의 군사를 얻어 치욕을 씻고자 저를 보낸 것입니다."

고구려왕이 말했다.

"죽령은 본래 우리 땅이다. 너희들이 죽령 서북땅을 돌려준다면 군사를 파견할 수 있다."

춘추가 대답했다.

"제가 임금의 명령을 받들어 군사를 빌리고자 하여 왔으나, 대왕께서는 이웃의 환난을 구원하여 이웃과 잘 지낼 뜻은 없고, 다만 남의 나라 사신을 위협하여 땅을 돌려주기를 요구하니, 저에게는 죽음이 있을 뿐 다른 것은 모르겠습니다."

춘추의 말이 공손하지 않자 고장은 분노하여 그를 별관에 가두었다. 춘추는 사람을 시켜 비밀리에 본국 왕에게 이를 보고하도록 하였다.

왕은 대장군 김유신에게 명령하여 결사대 1만 명을 거느리고 고구려로 가도록 하였다. 유신이 군사를 이끌고 한강을 건너 고구려의 남쪽 변경으로 들어가자, 고구려왕이 이를 듣고 춘추를 석방하여 돌려보냈다. 유신을 압량주의 군주로 임명하였다.

- (저자 해설) 사천왕사 터 오른쪽으로 난 길을 따라 안으로 들어가면 선덕여왕릉으로 가는 산길 입구가 나타난다. 사적 인 선덕여왕릉은 그녀가 살아 있을 때 직접 지정한 곳에 쓴 묘소이다. 《삼국유사》에 나오는 일화를 읽어보자. 자신이 죽을 날짜와 묻을 곳을 미리 예언한 선덕여왕의 신비한 지혜에 대한 증언이다.

왕이 아무 병도 없을 때 여러 신하들에게 일렀다.
"나는 아무 해 아무 날에 죽을 것이니 나를 도리천忉利天 속에 장사지내도록 하라."
신하들이 그게 어느 곳인지 알 수 없어서 물으니 왕이 말하였다.
"낭산 남쪽이니라."
선덕은 자신이 예고한 바로 그 날 죽었다. 신하들은 왕이 예고한 낭산 양지에 그녀를 장사지냈다. 그 10여 년 뒤, 문무대왕이 왕의 무덤 아래에 사천왕사를 세웠다. 불경에 말하기를,
"사천왕천四天王天 위에 도리천이 있다"
고 했으니 선덕대왕의 신령하고 성스러움을 알 수가 있다.

솔숲 사이로 보이는 선덕여왕릉이 어쩐지 신비로움으로 가득하다.

왕릉 입구의 안내판에는 선덕여왕의 공적이 소개되어 있다. '(아들이 없는 진평왕의 맏딸로 태어난 선덕여왕은) 신라 최초의 여왕으로 첨성대를 만들고, 분황사를 창건하였으며, 황룡사 9층 목탑을 건축하는 등 신라 건축의 금자탑을 이룩하였다. 또 김춘

추, 김유신 같은 인물을 거느리고 삼국통일의 기반을 닦았다.'

《삼국사기》는 첨성대에 관해 한 마디도 언급이 없다. 《삼국유사》에도 '이 임금(선덕여왕) 때 돌을 다듬어서 첨성대를 쌓았다.'밖에 없다. 용도는 분명하지 않으나 그래도 《삼국유사》 덕분에 우리는 첨성대가 언제 만들어졌는지는 알게 되었다. 선덕여왕 재위 기간 중인 632년부터 647년 사이에 건축되었던 것이다.

분황사芬皇寺는 634년, '향기로운芬 임금皇' 선덕여왕 3년에 지어졌다. 국보인 분황사 탑은 우리나라 최초의 모전 석탑이다. 모전模塼석탑石塔은 돌을 벽돌처럼 다듬어서 그것을 쌓아 세운 탑을 가리키는 용어로, 벽돌塼탑을 흉내내어模 만든 돌石탑塔을 뜻한다. 현재 남아 있는 우리나라 두 번째 모전석탑은 국보인 경북 의성군 금성면의 '탑리 5층석탑'이다.

황룡사가 창건된 때는 진흥왕 14년(553)이다. 물론 1년 만에 동양 최대의 사찰이 완성을 본 것은 아니다. 이 거대 사찰은 그 이후 4명의 임금 93년에 걸쳐 공사를 한 끝에야 겨우 마무리가 지어졌다. 마지막 공사는 643년(선덕여왕 12)에 시작하여 645년에 완공된 9층 목탑이었다. 그러나 1238년(고려 고종 25) 몽고군에 의해 황룡사는 모두 불타고 말았다.

선덕여왕 재위 마지막 해인 647년(선덕여왕 16) 정월, 지금의 국무총리에 해당하는 상대등 비담이 염종 등과 모의하여 반란을 일으켰다. 지금의 보문호 남쪽 명활성에 본진을 구축한 비담군은 '여왕이 나라를 잘 다스리지 못한다謂女王不能善理'는 명분을 내세웠다. 이미 당태종이 643년(선덕여왕 12) 9월 신라 사신에게

'신라는 여자를 임금으로 삼아以婦人爲主 이웃나라의 멸시를 받고 있다爲鄰國輕侮.'고 말한 바 있으니 반군들은 거기에 기대한 바도 컸을 것이다.

반군의 기세는 하늘을 찌를 듯 높고 뜨거웠다. 그 상황이 열흘이나 계속되자 '왕이 두려워하여 어쩔 줄을 몰라'했다. 김유신이 '덕은 요망함을 이길 수 있으니 근심하지 마십시오.' 하고 왕을 위로한 후 '여러 장수와 군사를 독려하여 공격하니 비담 등이 패하여 달아났다. 바로 추격하여 모두 목을 베고 구족까지 죽였다.'

진평왕은 아들을 얻지 못한 채 53년간 재위하다가 죽었다. 부모가 모두 왕족인 성골聖骨이라야 왕위에 오를 수 있었던 당시, 딸이라고 임금이 되지 못한다는 법은 없었다. 그래서 덕만공주가 즉위했다.

아마도 상당수 사내들이 '이제 임금자리는 내 것'이라고 여겼을 터, 비담도 그 중 하나였을 것이다. 그런 자들이 끝내 선덕여왕 재위 마지막 해에 반란을 일으켰다. 비담의 출생에 대해서는 역사에 정확하게 기록된 것이 없다. 다만 죽은 것만은 분명하여 647년이 확실하다.

《삼국사기》에 따르면 비담의 반란이 일어난 때는 '정월', 선덕여왕이 타계한 날짜는 '정월 8일'이다. 그리고 비담이 처형되는 것은 진덕여왕 즉위 이후인 '정월 17일'이다.

또 명활성의 비담 반군과 월성의 김유신 정부군이 대치한 기간이 '10일 이상' 이어졌을 때 김유신이 왕에게 '근심하지 마십시오.'라며 위로를 했다. 날짜를 따져볼 때 비담은 정월 7일 이전에 반란을 일으켰다.

《삼국사기》는 '왕이 궁 안에서 이들을 방어했다王自內御之.'고 증언한다. 선덕여왕이 반란의 와중에 피살된 것이 아니라는 말이다. 40대에 임금이 되어 16년 동안 극심한 피로에 시달렸던 그녀, 반란이 일어난 데 대한 충격을 받아 심장마비를 일으키지 않았을까? 반란 즉시 피살되었다면 비담군이 왕성을 나가 명활산성에 주둔할 개연성이 없다. 《삼국유사》의 기록도 그에 대한 암시를 던져준다.

'병이 없던 때에 선덕여왕이 신하들에게 내가 아무 달 아무 날에 죽을 터이니 도리천에 묻으라고 했다.'는 기사가 그것이다. 이는 뒷날 그녀가 중병을 앓게 된다는 뜻이기도 하다. 647년 타계할 시점에 이르렀을 때에 여왕은 중병에 걸려 있었고, 반란까지 일어나자 충격을 받아 세상을 떠났다고 짐작할 수 있다.

또 기록은, 여왕이 자신이 예고한 날에 타계했다고 적고 있다. 여왕이 암살된 것이 아니라는 뜻이다. 여왕은 자신의 천명이 다하는 날을 이미 알고 있었는데, 만약 그것이 비담의 암살로 죽는 임종이라면 응당 막았을 것이기 때문이다.

김유신은 비담의 난을 평정하여 선덕여왕에게 입은 큰 은혜에 보답하였다. 일찍이 덕만 공주는 유신의 누이 문희와 김춘추의 결혼을 성사시켜 주었다. 덕분에 김유신의 권력은 한층 강화되었을 터이고, 또 문희의 아들 법민이 문무왕이 되었으니, 김유신 가계는 선덕여왕의 지원에 힘입어 명실상부한 신라의 핵심으로 자리를 잡았을 것이다. 어찌 유신이 선덕여왕의 은혜에 결초보은의 충성을 다하지 않을 것인가.

○ 당나라에서 모란꽃 그림과 꽃씨를 보내왔다. 진평왕이 그 그림을 공주 덕만에게 보였다. 공주가 말했다.

"이 꽃은 보기에는 매우 아름답지만 반드시 향기가 없을 것입니다."

진평왕이 웃으면서 말했다.

"네가 어찌 그것을 아느냐?"

(당시 신라에는 모란이 없었다.) 덕만이 대답했다.

"꽃만 그리고 나비를 그리지 않은 것을 보고 짐작했습니다. 대체로 여자에게 절세의 미모가 있으면 남자가 따르고, 꽃에 향기가 있으면 벌과 나비가 따르는 법입니다. 그런데 이 꽃은 매우 아름다운데도 그림에 벌도 나비도 없습니다. 이는 꽃에 향기가 없다는 뜻입니다."

- (저자 해설) 봉황대에서 동쪽으로 곧게 걸으면 분황사가 기다린다. 분황사芬皇寺는 이름만 보아도 선덕여왕이 세운 사찰이라는 사실이 짐작되는 절이다. 분황사는 선덕여왕 3년(634)에 지어졌다.

분芬은 '향기롭다', 황皇은 '임금'이다. 향기로운 임금! 우리나라 역사에서 선덕여왕보다 더 향기롭게 느껴지는 왕이 달리 있을까.

한국사 5천년이 낳은 향기로운 임금이라면 단연 선덕여왕이다. 지금도 선덕여왕은 우리나라 사람들의 마음속에 아름답고 지혜로운 이미지로 각인되어 있지만, 신라 당대에도 그녀는 국민들의 뜨거운 사랑을 받았던 것이 틀림없다. 본문의 일부만 《삼국유사》 등에 남아 있는 지귀志鬼 설화가 바로 그 상징적 증거이다.

지귀라는 시골청년이 하루는 서울에 나왔다가 우연히 인파들 속에서 선덕여왕을 보았다. 너무나 아름다운 선덕여왕을 본 지귀는 대뜸 여왕을 사모하게 되었다. 그 이후 지귀는 잠도 자지 않고 밥도 먹지 않으며 선덕여왕을 부르며 거리를 떠도는 미치광이가 되고 말았다.

"여왕이여, 아름다운 여왕이여, 사랑하는 선덕여왕이여!"

관리들은 지귀를 붙잡아 호통도 치고 매질도 했지만 아무 소용이 없었다. 그러던 어느 날, 길을 지나는 선덕여왕 앞으로 지귀가 뛰쳐나와 '나의 사랑하는 여왕이여!' 하고 외쳐댔다. 관리들이 붙잡았다. 감히 여왕에게 그런 행동을 했고, 또 관리들에게 체포되었으니 사람들이 웅성거리게 된 것이야 당연한 귀결이었다. 시끄러운 소리에 에워싸인 여왕이 관리에게 물었다.

"무슨 일이냐?"

신하가 쭈뼛쭈뼛하여 대답했다.

"지귀라고 하는 미친 자가…… 폐하를…… 연모한다고 외치면서……."

여왕은 관리에게 지귀가 자신의 뒤를 따라올 수 있도록 해주라고 명령했다. 여왕의 말을 전해들은 백성들은 모두 놀랐지만, 지귀는 춤을 덩실덩실 추며 여왕의 행렬을 뒤따랐다.

절에 도착한 선덕여왕은 부처에게 기도를 올렸다. 지귀는 절 앞의 탑 아래에 앉아 여왕이 나오기를 기다렸다. 여왕은 오랜 시간이 흘러도 나오지 않았다. 결국 지귀는 그 자리에서 잠이 들고 말았다.

기도를 마친 여왕은 탑 아래에 잠들어 있는 지귀를 보았다. 여왕은 지귀를 잠깐 바라보더니 금팔찌를 뽑아 지귀의 가슴 위에 내려놓은 다음 자리를 떠났다.

한참 뒤 잠이 깬 지귀는 여왕의 금팔찌를 보았다. 그는 여왕의 금팔찌를 가슴에 꼭 껴안고 기뻐서 어찌할 줄을 몰랐다. 기쁨은 가슴 속에서 불길처럼 뜨겁게 활활 타올랐다. 이윽고 지귀는 온몸이 불덩어리가 되었다. 처음에는 가슴이 타고, 나아가 머리와 팔다리가 붉게 타올랐다. 지귀는 있는 힘을 다해 탑을 잡고 일어섰고, 탑도 불기둥이 되었다. 지귀의 불은 온 거리를 불바다로 만들었다.

마침내 지귀는 불귀신이 되어 세상을 떠돌아다녔다. 선덕여왕이 주문을 지어 백성들에게 주었다.

志鬼心中火 지귀는 마음에서 불이 일어나
燒身變火神 온몸을 태우고 불신이 되었구나
流移滄海外 흘러흘러 푸른 바다 밖까지 갔으니
不見不相親 보지도 말고 친하지도 말지어다

백성들은 여왕이 지어 준 주문을 대문에 써서 붙였다. 그 이후 여왕의 주문을 붙인 집에는 불이 나지 않았다. 사람들은 불귀신이 된 지귀가 오직 선덕여왕의 뜻만은 고스란히 따르기 때문이라고 생각했다.

《삼국유사》에는 '분황사 천수대비千手大悲 맹아득안盲兒得眼'이라는 전설이 남아 있다. 특히 이 전설은 향가 한 수까지 담고 있어 소중히 여기지 않을 수 없다. 세상을 환하게明 보는 것이 꿈希인 희명希明 이야기를 《삼국유사》에서 찾아 읽어본다.

경덕왕 때에 한기리에 희명이라는 여자 아이가 살았다. 그런데 태어난 지 5년 만에 갑자기 눈이 멀었다. 희명의 어머니는 아이를 안고 분황사 좌전左殿 북쪽 벽에 그려져 있는 천수관음千手觀音 벽화 앞으로 나아갔다. 어머니는 아이에게 노래를 지어 부르며 빌게 했다. 그랬더니 멀었던 눈이 떠졌다. 그 노래는 이러하다.

무릎을 세우고 두 손바닥을 모아
천수관음 앞에 비옵니다.
1,000손과 1,000눈 하나를 내어 하나를 덜기를,
둘 다 없는 이 몸이오니 하나만이라도 주옵소서.
아아! 나에게 주옵시면, 그 자비 얼마나 클 것인가.

분황사는 서쪽 벽에 솔거의 관음보살상 벽화도 거느리고 있었다. 755년에는 경덕왕이 무게가 60만 톤을 헤아리는 약사여래입상을 만들어 봉양했다. 하지만 지금은 천수관음 벽화도, 솔거 벽화도, 약사여래입상도 볼 수 없다. 대단한 유물들은 모두 몽고의 침략과 왜적의 난동 속에 종적을 잃고 말았다.
그래도 분황사는 건재하다. 날마다 많은 사람들이 찾아온다. 온 국민적 관심을 끄는 '국보'가 살아남아 존재를 과시하고 있기 때문이다. 바로 '분황사 석탑'이다.
본래 7층이나 9층이었을 것으로 추측되는 분황사 석탑은 안산암을 깎아 벽돌처럼 만든 후 그것을 쌓아 세운 탑이다. 따라

서 언뜻 보면 벽돌탑처럼 보이지만 사실은 돌탑이다. 벽돌塼탑을 본떠模 만든 이런 돌탑을 모전模塼석탑이라 한다. 분황사 탑은 현재 우리나라에 남아 있는 가장 오래된 모전석탑이다. 현재 남아 있는 것만으로 보면 9.3m 높이로, 634년(선덕여왕 3) 작품이다.

분황사 우물은 신라 사람들도 썼던 깊은 역사를 자랑한다. 1101년(고려 숙종 6)에 세워진 화쟁국사(원효)비 바로 옆에 있는 이 우물은 이름도 특이하게 삼룡변어정三龍變魚井이다. 세 마리의 용이 물고기로 변한 우물이라는 뜻이다.

본래 이 우물에는 신라를 지키는 세 마리 용이 살았다. 그런데 795년(원성왕 11) 당나라 사신이 용들을 물고기로 변하게 만들어서 잡아갔다. 놀란 원성왕이 추격 군사들을 보내어 빼앗아 왔다.

선덕여왕의 지혜를 전해주는 사천왕사 터
사적, 경주시 배반동 935-2

신문왕릉에서 경주박물관 맞은편까지 이어지는 얕은 언덕을 신라인들은 낭산狼山이라 불렀다. 높이는 104m에 지나지 않지만 둘레 지형이 구불구불하여 짐승狼처럼 생겼기 때문이다. 하지만 이름과 달리 이 산은 나무 한 그루 베어낼 수 없는 신령한 땅으로 우러름을 받았다. 《삼국사기》는 413년(실성왕 12)의 일을 다음과 같이 기록하고 있다.

> 낭산에 구름이 피어올라 누각처럼 보였고, 향기가 퍼져 오래도록 사라지지 않았다. 왕이, 이는 틀림없이 신선이 내려와 노는 것이니 응당 복스러운 땅이라며, 그 후로는 이곳에서 벌목을 하지 못하게 했다.

사람들이 흔히 접근하는 낭산의 길은 사천왕사 터에서 시작된다. 사천왕사는 〈제망매가〉의 월명사가 살았던 절로 유명하다. 피리를 잘 부는 스님이 밤에 사천왕사 앞을 거닐면서 악음을 내면 흘러가던 달이 멈춰 섰다고 전한다. 절은 사라지고 목 없는 귀부만 남았지만, 사천왕사 터는 사적으로 지정되어 있다.

사천왕사 창건은 부처의 힘으로 당나라를 몰아내겠다는 신라인들의 의지가 낳은 대역사였다. 실성왕 12년 이래 신유림神遊林이라 여겼던 숲이니 호국불교를 위한 거대 사찰 창건 장소로는 아주 제격이었다. 공사의 시작은 671년(문무왕 11), 끝은 679년(문무왕 19).

그런데 사천왕사를 착공하기도 전에 당나라 군대가 신라로 출발했다는 비보가 전해졌다. 당나라에 유학 가 있던 의상대사는 이 사실을 나라에 전하려고 부랴부랴 귀국까지 했다.

사천왕사 터 당간지주

사천왕사 창건을 주도하던 명랑대사는 황급히 부처께 빌고 주문을 외었다. 그러자 당나라 배들은 갑자기 서해에 몽땅 침몰

했다. 신유림에 부처를 위한 큰 절을 짓겠다고 생각한 신라인들의 정성이 하늘을 움직인 것이었다.

당나라가 5만 군사를 신라로 보낸 671년에도 같은 일이 일어났다. 신라는 전과 동일한 비법을 써서 당나라 대군을 물리쳤다. 당나라 황제가 옥에 가두어두었던 신라 사신 박문준에게 물었다.

"너희들이 무슨 신묘한 방법이 있어 우리 대군이 두 번씩이나 단 한 명도 살아서 돌아오지 못한단 말이냐?"

박문준이 거짓으로 둘러댔다.

"신이 멀리 있어 본국 사정은 잘 모르지만, 신라가 사천왕사를 지어놓고 황제폐하의 만수무강을 매일 기원한다는 소식은 들었습니다."

당 황제가 기뻐하면서 사실 확인을 위해 사신을 신라로 파견했다. 이에 신라가 당나라 사신을 속이기 위해 황급히 창건한 절이 망덕사이다. 망덕사는 남산의 동쪽, 사천왕사는 낭산의 서쪽에 자리를 잡았다.

선덕여왕릉 인근에 남아 있는 문무왕 화장터 능지탑
경상북도 기념물, 경주시 배반동 621-1

○ (삼국사기) 문무왕 재위 21년(681), 왕이 유언했다.
"과인은 어지러운 때에 태어난 운명인 탓에 자주 전쟁을 치렀다. 서쪽을 치고 북쪽을 정벌하여 강토를 평정했고, 반란자를 토벌하고 화해를 원하는 자와는 손을 잡아 마침내 원근을 안정시켰다.

위로는 선조의 유훈을 받들고 아래로는 부자의 원수를 갚았다. 전쟁 중에 죽은 자와 산 자에게 공평하게 상을 주었고, 안팎으로 고르게 관작을 주었다.

병기를 녹여 농기구를 만듦으로써 백성들이 천수를 누려 살 수 있게 만들었다. 납세와 부역을 줄임으로써 집집마다 넉넉하고 사람마다 풍족하게 하였다. 드디어 백성들은 자기 집을 편안하게 여기고, 나라에는 근심이 사라졌다. 창고에는 곡식이 산봉우리처럼 쌓이고 감옥에는 풀밭이 우거졌다. 이만하면 과인은 선조들에게 부끄러울 것이 없고, 백성들에게도 짐 진 것이 없다고 할 만하다.

내가 풍상을 겪느라 드디어 병이 얻었고, 나랏일에 힘이 들어 더욱 병세가 심해졌다. 운명이 다하면 이름만 남는 것은 고금의 이치인즉, 홀연 죽음의 어두운 길로 되돌아가는 데에 무슨 여한이 있겠느냐!

태자는 일찍부터 덕을 쌓았고, 오랫동안 동궁 자리에 있었다. 위로는 여러 재상으로부터 아래로는 낮은 관리에 이르기까지, 죽은 자를 떠나보내는 의리를 어기지 말고, 산 자를 섬기는 예의를 잊지 말라. 종묘의 주인(왕위)은 잠시라도 비워두어서는 안 된다. 태자는 나의 관 앞에서 즉위하라.

세월이 가면 산과 계곡도 변하고, 세대 또한 흐름에 따라 변하는 것이니, (중략) 옛날 만사를 처리하던 영웅도 마지막에는 한 흙무더기(무덤)가 되어, 나무꾼과 목동들이 그 위에서 노래하고, 여우와 토끼는 그 옆에 굴을 팔 것이다. 그런즉 (큰 무덤을 만드느라) 헛되이 재물을 낭비하는 것은 역사서의 비방거리

가 될 것이오, 공연히 사람을 수고롭게 하더라도 나의 혼백을 구제할 수는 없을 것이다. (중략)

열흘 후, 바깥 뜰 창고 앞에서 나의 시체를 불교의 법식으로 화장하라. 상복의 경중은 본래의 규정이 있으니 그대로 하되, 장례의 절차는 철저히 검소하게 해야 할 것이다. 변경의 성과 요새 및 주와 군의 과세 중에 절대적으로 필요하지 않은 것은 잘 살펴서 모두 폐지할 것이요, 법령과 격식에 불편한 것이 있으면 즉시 바꾸고, 원근에 포고하여, 백성들이 그 뜻을 알게 하라. 다음 왕이 이를 시행하라!"

— (저자 해설) 선덕여왕릉에 가려면 보통은 사천왕사 터를 지나게 된다. 사천왕사 터에는 사적비와 문무대왕릉비명을 등에 얹고 있던 귀부들이 남아 있다.

귀부들은 머리가 없어진 상태이다. 문무왕은 이곳에 두 기의 비석만이 아니라 두 기의 목탑도 세우고, 가운데 금당을 중심으로 좌경루와 우경루까지 건축하였을 뿐만 아니라, 사천왕사를 관리하는 관청도 두었다. 그만큼 사천왕사는 중요한 호국 사찰이었던 것이다.

문무왕이 사천왕사에 쌍탑을 세운 것은 불교 건축사에서 중요한 의미를 가진다. 통일 이전의 신라 사찰들은 금당 앞 뜰 복판에 1기의 탑을 두었다. 하지만 지금은 볼 수 없는 (문무왕 때 완성된) 사천왕사의 목조 탑과, 지금도 볼 수 있는 (문무왕 때 시작되어 신문왕 때 완성된) 감은사터의 석조탑은 쌍탑이었다. 두 사찰의 쌍탑은 일가람일탑에서 일가람쌍탑으로 나아가는 신라 불교 건축 발전사의 최초 양식이었다는 말이다.

게다가 사천왕사 목탑 터에서 발견된 벽돌 조각들은 당대 최고의 예술가 양지 스님의 작품으로 전해진다. 현재 경주박물관에 보관되어 있는 사천왕상 벽돌은 전체가 남아 있지는 않아도 절정의 예술미를 보여준다는 점에서 최고의 걸작으로 인정받고 있다. 사천왕이 발로 두 마리 잡귀신을 밟은 채로 왼손에 칼을 부여잡고 있는 위용은 보는 사람들로 하여금 세상의 더러움이 단숨에 씻겨나가는 쾌감을 맛보게 해준다.

선덕여왕릉을 뒤로 하고 산길을 조금만 왼쪽으로 내려걸으면 이내 중생사로 가는 삼거리가 나온다. 이 삼거리에 탑인지 무덤인지 가늠이 잘 가지 않는 문화재가 하나 버티고 있다.

이 문화재는 불국사 삼거리의 구정동 방형분에 2층을 올려놓은 듯한 모습으로 서 있다. 하지만 신라 탑은 3층이나 5층이 보통이므로 능지탑의 원형도 2층이 아니었던 것은 분명하다. 지금도 능지탑 뒤를 보면 불교의 상징인 연꽃무늬 돌들이 쌓여 있는데, 원형이 몇 층인지 알 수 없기 때문에 무너지기 이전에는 탑돌이었던 그들을 그냥 재어둔 것이다. 그 돌들만 쌓아올려도 저절로 3층 이상이 되고도 남을 터이다.

능지탑陵只塔은 '능에 해당하는 탑'이다. 본래 5층 석탑이었던 것으로 추정되며, 문무왕의 화장터에 기념으로 세워진 탑이 아닌가 여겨진다. 능지탑 기단에 아로새겨진 십이지신상 조각을 살펴본다. 정오正午를 나타내는 말午, 자정子正을 의미하는 쥐子 등이 뚜렷하다. 쥐는 갑옷을 입지 않고 있다.

부처 덕에 살아났지만 철저한 불교 배척자 최승로
중생사 마애삼존불(보물)

　낭산 서쪽 비탈의 마지막 답사지인 중생사로 향한다. 능지탑과 중생사는 약 200m가량 떨어져 있다.
　중생사에서 꼭 보아야 할 것은 마애삼존불(국가 지정 보물)이다. 삼존불은 대웅전 왼쪽에 있다. '마애'라면 흔히 절벽 같은 암석이 연상되지만 이곳은 그저 땅에 놓인 바위일 뿐이다. 안내판은 '통일신라 시대에 만들어진 이 불상은 보살상과 신장상神將像이 나란히 배치되어 있는데 이런 예는 아주 드문 일이다. 중앙에 있는 본존은 머리에 두건을 쓰고 있고 (중략) 왼쪽 신장상은 오른손에 검을 들었고, 오른쪽 신장상은 두 손에 무기를 들고 있다.'라고 해설하고 있다.

  그러나 중생사 삼존불은 안내판의 해설을 미리 읽지 않고서는 본존本尊과 좌우의 두 신장상 모두 그 형체를 알아보기가 쉽지 않다. 세월의 마모를 이기지 못한 탓이고, 앞으로 점점 더 상태는 나빠질 것이 자명하다. 그 탓에, 문화재를 보호하는 것이 임무인 관청에서 보호각으로 전체를 덮어 두었다.

  지금은 아주 작은 사찰에 머물러 있지만, 신라 시대에는 중생사가 아주 이름 높은 절이었던 듯하다. 《삼국유사》에는 중생사와 관련 있는 이야기가 여럿 기록되어 있다. 그 중에서 최승로(927~989)의 생존 비화를 전해주는 대목을 읽어본다.

  신라 말, 나이가 많도록 아들을 얻지 못했던 최은함崔殷舍이 중생사 관음보살 앞에 기도를 드린 끝에 아들을 얻었다.

  아기가 태어난 지 석 달도 안 되어 후백제 견훤의 군대가 서울을 침범해 와 성 안이 크게 어지러웠다(927년). 은함은 아기를 안고 중생사를 찾아 기도했다.

  "적군이 갑자기 쳐들어와 일이 급합니다. 이 어린 자식 때문에 어려움이 겹쳐 모든 식구가 화를 면할 수 없을 듯합니다. 참으로 부처님께서 이 아이를 주신 것이라면, 원컨대 큰 자비를 베푸시어 우리 부자가 다시 만나게 해 주사이다."

  은함은 슬피 세 번 울며 세 번 아뢰고 난 후 아기를 포대기에 싸서 관음상 밑에 감추고 떠났다. 반 달 정도 지나 적병이 물러간 뒤 은함은 절로 돌아왔다. 그런데 아기를 찾아보니 살결은 마치 새로 목욕을 시킨 듯했고, 모양도 매우 예쁜데다 아직도 젖냄새가 입에서 폴폴 났다.

　은함이 아기를 안고 돌아와 기르니 자라면서 점점 총명하고 지혜로웠다. 이 아기가 뒷날 최승로로 자랐다.

　지극 정성으로 빌면 하늘도 도와준다는 교훈을 전하는 설화이다. 설화의 주인공 최승로는 누구인가? 신라가 멸망한 10세쯤에 아버지를 따라 개성으로 옮겨와서 살았다. 12세 무렵에는 《논어》 등을 왕건 앞에서 줄줄 암송하여 천재성을 인정받았다.

　뒷날 최승로는 성종에게 〈시무時務 28조〉를 올려 고려가 개혁과 안정을 동시에 구축할 수 있는 계기를 만들었다. 시무는 때 時에 맞춰 처리해야 할 정치적 행정적 일務들을 가리키는 말이다. 〈시무 28조〉는 과거 시험의 문제가 되기도 했고, 임금이 관리들에게 수시로 제출하라고 요구했던 정책 제안서의 내용이 되기도 했다.

　고려 시대 전체를 통해 시무책 전문이 《고려사》 등에 기록된 경우는 최승로가 유일하다. 그만큼 그는 왕과 관리들의 신망을 한몸에 받고 있었다. 그런데 그의 시무책에는 '불교를 억제하고 유교를 일으켜야 한다, 불교의 폐단을 줄여야 한다, 승려들의 횡포를 막아야 한다, 불경과 불상을 사치스럽게 만드는 것을 금지해야 한다, 연등회나 팔관회에 사람과 노역이 동원되는 것을 줄여야 한다.' 등 불교 혁파를 주장하는 내용이 많았다. 그는 부처가 살려준 어린 생명이었지만 뼛속까지 철저한 유교 신봉자였던 것이다.

 몽고군이 쳐들어 와서, 세계문화유산인 해인사 팔만대장경보다 200년 가까이 앞서 만들어졌던 (선덕여왕의 원당願堂) 부인사 초조대장경을 거의 대부분 불태웠습니다. 팔공산 부인사에 가면 외세가 파괴해버린 부인사 법당 석재들이 맨몸으로 땅에 뒹굴고 있습니다. 당시 건축물 중에 유일하게 남은 것은 서탑 하나입니다. 민족의 자존을 지켜가는 일이 얼마나 소중한가, 다시한번 생각할 일입니다.

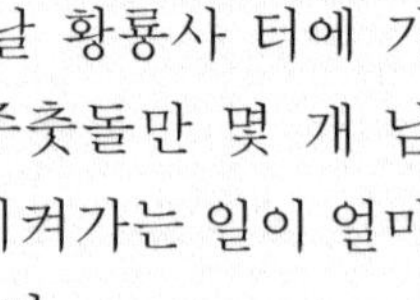

몽고군이 쳐들어 와서, 세계 최고의
황룡사 9층 목탑과 불상을 부수고
불태웠습니다. 무려 93년에 걸쳐 만
들었던 인류의 문화유산이 하루아침
에 잿더미로 변하고 말았습니다. 오늘날 황룡사 터에 가
면 아무 것도 남아 있는 것이 없고, 주춧돌만 몇 개 남
아 뒹굴고 있습니다. 민족의 자존을 지켜가는 일이 얼마
나 소중한가, 다시 한번 생각할 일입니다.

<대한제국 의열 독립운동사>를 쓴 이유
명성황후 살해범 처단부터 황현 자결까지

제5차 교육과정 고등학교 국정 국사 교과서는 '1910년대를 대표하는 독립운동 단체는 광복회였다'라고 소개했다. 광복회는 대구 달성토성에서 결성되었다. 그러나 달성토성에는 광복회를 소개하는 안내판 하나 없다.

1920년대를 대표하는 의열 독립운동 단체는 의열단이었다. 의열단은 대구은행 직원이던 이종암이 만주로 망명하며 가져간 자금을 활용해 창립되었다. 지사가 군자금을 조달했던 건물은 독립운동사에 남을 만한 유적임에도 불구하고 지난 여름 아파트를 짓는다고 부수어버렸다.

우리의 정신사는 이런 수준인가? 한탄하지 않을 수 없다. 이종암 지사가 운명 직전 잠시 머물렀던 집이 대구 남산동에 허물어지기 직전 상태로 남아 있는데, 생가가 아닌데도 '생가터'라는 안내판이 붙어 있다. 틀렸다고 지적해도 계속 그대로 있다.

우리 국민들은 김구, 안중근, 윤봉길, 유관순 등 유명 독립운동가만 알 뿐 그 외 지사들에 대해서는 거의 관심을 보이지 않는 경향이 있다. 그러다 보니 독립운동 관련 현장들도 무성의하게 관리된다. 앞에 거론한 광복회 창립지와 의열단 유적

등이 참담할 지경으로 홀대받는 현상도 그런 사회 분위기 탓이다.

경술국치 이전의 독립운동사는 더욱 관심 밖에 놓여 있다. 나라가 아직 완전히 망하지는 않은 까닭에 어쩐지 독립운동이 아니라 의병항쟁으로 보여서 그런지도 모른다. 하지만 '국모'가 일본인과 그 하수인 반민족행위자들에게 살해당하는 형편의 국가를 자주독립국으로 자화자찬할 수는 없다.

일제에 강점당한 기간을 늘일 수는 없지만, 사실상의 독립운동에 헌신한 선열들의 피끓는 마음을 잊거나 가벼이 여기는 일은 결코 있어서 안 된다. 그래서 명성황후 시해사건, 즉 을미사변에 적극 가담한 국내인을 처단한 의열투쟁을 이 책의 첫머리로 삼았다.

1903년 11월 24일, 고영근 등 지사들이 일본까지 찾아가 을미사변 중요 범인 중 하나인 우범선을 처단했다. 우범선은 '씨 없는 수박'의 유명한 우장춘의 아버지이다. 굳이 그 사실을 밝히는 것은 반민족행위자를 역사에 더욱 분명하게 아로새기기 위한 조치일 뿐 연좌제의 불합리성을 인식하지 못해서는 아니다. (중략)

졸저를 세상에 내놓는 행위도 주제에 따라서는 지식인의 책무를 일부나마 실천하는 일로 간주되기도 한다. 물론 책의 수준이 낮으니 저자는 언젠가 "가을 등불 아래 책 덮고 옛일을 돌아보며" 본인의 행적에 남몰래 얼굴 붉힐 날과 마주치게 되리라. 책 안에 최대한 많은 선열들의 성함과 활동을 수록했다는 사실로 자위하고 격려하는 도리밖에 없으리라.

독립운동정신 계승과 확산이 목표
<대구 독립운동유적 120곳 답사여행 1, 2, 3>

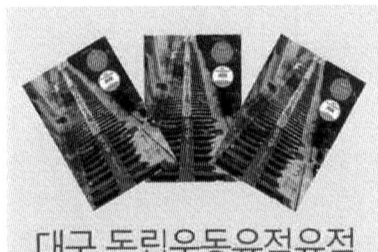

2018년 대구출판산업지원센터의 지역우수출판콘텐츠 공모에 선정되어 <대구 독립운동유적 100곳 답사여행>을 펴냈는데, 그 졸저가 2019년 대구시 선정 '올해의 책'에도 뽑혔습니다. 여러모로 부족한 책인데도 대구의 독립운동가와 유적지에 관심을 가진 분들께 약간이나마 참고가 되는 저서를 썼다는 보람을 느낀 사건이었습니다.

그 후 시간이 지나면서 출판해둔 책의 여분이 없어져가는 중에, 경상북도 군위군이 대구광역시에 편입되는 사건이 일어났습니다. 자연스레 독립운동 유적의 숫자가 늘어난 것입니다. 게다가 이육사가 17년 동안 살았던 남산동 집과 의열단 부단장 이종암 지사가 독립운동자금을 조달했던 옛 대구은행 건물이 멸실되는 불상사도 일어났습니다. (중략) 그 밖에도 어떤 내용은 좀 더 상세하게 다루어 달라는 주문도 수용해야 했습니다. 예를 들면 '대구 권총 사건', '앞산 안일암 조선국권회복단 창립', '달성토성 광복회 결성', '이상화, 현진건 등 명망가들의 활동' 등이었는데, 고심 끝에 소설 형식으로 해설을 해서 독자의 흥미와 실감을 북돋우려 애를 썼습니다.

    그 결과, <대구 독립운동유적 100곳 답사여행>이 본래 360쪽이나 되어 일반 서적으로는 지나치게 두꺼웠는데, 이제 더 부피가 크고 무거운 책이 될 지경이 되어버렸습니다. 어떻게 할까 궁리를 하다가 분권을 하기로 했습니다. 가지고 다니기 적당한 판형과 두께의 책을 선호하는 요즘 유행을 따르기로 한 것입니다.

    제 1권은 <대구 독립운동유적 120곳 답사여행 1 -달서구, 남구 편>, 제 2권은 <대구 독립운동유적 120곳 답사여행 2 -동구, 북구, 수성구, 달성군 편>, 제 3권은 <대구 독립운동유적 120곳 답사여행 3 -중구, 군위군 편>입니다.

    대구의 많은 독립운동유적지를 다시 답사하였는데, 안타까운 마음은 6년 전이나 별로 다르지 않았습니다. "1910년대에 가장 활발하게 활동한 독립운동단체는 광복회였다(제5차 교육과정 고등학교 국정 국사 교과서)"라는 평가를 받는 광복회 결성지 달성토성에조차 안내판 하나 '여전히' 없었습니다.

    (중략) 앞으로는 나아지겠지, 하는 희망을 품고 전면 증보판을 출간합니다. 세 권을 합해서 모두 639쪽이 되었지만, 대구의 독립운동가와 유적지에 관심을 가진 분들에게는 종전보다 좀 더 나은 길라잡이가 될 수 있으리라 삼가 믿습니다.

《경주 남산 낭산 역사와 답사》를 펴내며

　많은 문인들이 친일 행각을 벌인 1940년대에도 '일장기말소의거'의 현진건은 창씨개명創氏改名까지 거부하고 끝까지 일제에 맞섰습니다. 조선총독부는 현진건 창작집 《조선의 얼골》에 판매금지 처분을 내렸고, 신문 연재 중이던 〈흑치상지〉도 강제로 중단시켰습니다. 현진건은 울화와 가난과 병환으로 어렵게 살다가 끝내 43세 젊은 나이에 세상을 떠났습니다.

　하지만 '참작가'[1]로 추앙받는 "한국 단편소설의 아버지"[2] 현진건은 대구 생가도 서울 고택도 남아 있지 않고, 서울 확장 과정에서 묘소마저 없어졌습니다. 물론 '현진건 기념관' 등의 이름을 가진 공간도 없습니다. 우리가 이토록 현진건을 홀대해도 되는 것일까요?

　'현진건玄鎭健학교('참작가'현진건 현창회)'는 현진건을 현창·추념하기 위해 다양한 교육·출판·행사 등을 펼쳐왔습니다. 그 핵심이 매달 펴내는 《빼앗긴 고향》입니다. 시리즈 전체의 제호 《빼앗긴 고향》은 현진건과 이상화가 절친한 벗이었고, 두 분 모두 독립유공자이자 민족문학가였으며, 타계일

---

1) 현길언, 《문학과 사랑과 이데올로기》(태학사, 2000), 14쪽.
2) 김윤식·김현, 《한국문학사》(민음사, 1973), 153쪽.

마저 1943년 4월 25일로 같다는 사실을 담은 이름으로, 김은국 〈Lost Names〉를 본떠 상화 '빼앗긴 들에도 봄은 오는가'와 빙허 '고향'의 심상을 합한 것입니다.

그러므로 《빼앗긴 고향》이 현진건의 문학과 삶을 널리 알리는 과업에 이바지할 수 있는 글들을 주로 수록하고, 《대한제국 의열 독립운동사》,《대구 독립운동유적 120곳 답사여행 1- 달서구·
남구 편》,《대구 독립운동유적 120곳 답사여행 2- 동구·북구·수성구·달성군 편》,《대구 독립운동유적 120곳 답사여행 3- 중구·군위군 편》 등의 단행본을 출간해온 데에는 현진건의 민족정신을 계승하려는 현진건학교의 의지가 담겨있다 하겠습니다.

평론문 〈조선혼魂과 현대정신의 파악(1926)〉에서 "조선문학인 다음에야 조선의 땅을 든든히 딛고 서야 될 줄 안다. (중략) 조선혼과 현대정신의 파악! 이것이야말로 우리 문학의 생명이요 특색"이라고 강조했던 현진건은 직접 장편 기행문 〈고도古都 순례 경주(1929)〉와 〈단군 성적聖蹟 순례(1932)〉를 신문에 연재해 민족의식을 고취했습니다. 이 책《경주 남산·낭산 역사와 답사》 발간은 '현진건 정신'을 오늘에 되살리려는 현진건 학교의 활동 중 한 가지입니다.

《대구 팔공산 역사문화자연유산 답사여행》,《대구 비슬산 역사문화자연유산 답사여행》,《대구 앞산 역사문화자연유산 답사여행》을 펴낸 것도 같은 뜻의 발로였습니다. 아무쪼록 현진건학교의 애씀이 현진건·이상화 등 올곧고 위대한 민족문학가·독립운동가·공동체를 위해 헌신한 분들을 현창하는 과업과, 우리나라의 모든 향토를 살피고 보듬는 일에 조금이나마 이바지할 수 있기를 기원하면서, 회원·독자 여러분의 적극적 동참을 기대합니다. 정만진

'참 작가' 현진건!

무수한 명사들이 친일로 변절한 1940년대에 창씨개명까지 거부하며 일제에 맞선, 1936년 일장기 말소의거를 일으켰던 독립유공자이자 '고향', '운수 좋은 날', '술 권하는 사회', '흑치상지', '적도', '무영탑' 등의 사실주의 소설로 항일 의식을 고취했던 민족문학가!

그러나 그 흔하디흔한 문학관은 물론, 생가도 고택도 남아 있지 않고, 무덤조차도 없는 현진건!

우리가 현진건을 이토록 홀대해도 되는 것일까요? 현진건玄鎭健학교는 현진건 선생을 현창하기 위해 매달 한 권 이상의 <빼앗긴 고향>을 발간하고 있습니다. 이 책 <대구 팔공산 역사문화자연유산 답사여행>도 그 중 한 권입니다. 회원으로 가입하시면 <빼앗긴 고향>에 글을 발표할 수 있고, 답사 등 여러 활동에 즐겁게 참여할 수 있습니다. 삶의 새로운 활력이 될 것입니다. 회비는 월 15,000원(농협 302-1227-7465-7)으로 매달 책을 보내드립니다. 010-5151-9696(정만진)에 성명과 주소를 문자로 보내시면 됩니다.

오른쪽에 판권지가 있습니다